C000243882

COLLECTION
FOLIO/THÉÂTRE

Albert Camus

Caligula

Édition présentée,
établie et annotée
par Pierre-Louis Rey
Professeur à la Sorbonne Nouvelle

Gallimard

©ʼ *Éditions Gallimard,*
1958, pour Caligula,
1993, pour la préface et le dossier.

PRÉFACE

La carrière d'écrivain de Camus commence et s'achève par le théâtre. En 1936, âgé de vingt-trois ans, il fonde une troupe d'amateurs, le Théâtre du Travail (plus tard rebaptisé Théâtre de l'Équipe) et collabore avec trois amis à la composition d'une pièce intitulée Révolte dans les Asturies. En 1959, quelques mois avant de mourir, il adapte pour la scène Les Possédés, de Dostoïevski. Célébrer collectivement une insurrection ouvrière correspondait à l'idéal communiste qui l'anima pendant une brève période de sa jeunesse. À l'époque où il adapte Les Possédés, il dirige seul l'entreprise, croyant au « spectacle total, conçu, inspiré et dirigé par le même esprit, écrit et mis en scène par le même homme[1] » ; à ses yeux, en effet, adapter une œuvre au théâtre, c'est encore l'écrire. Parce qu'il ne cessa de s'engager en faveur de la scène, voyant dans le théâtre « le plus haut des genres littéraires et en tout cas le plus universel[2] », son œuvre théâtrale mérite pour le moins autant d'attention que ses romans ou ses essais.

D'où vient donc qu'on n'en peut parler sans donner

---

1. « Pourquoi je fais du théâtre » (1959), in *Théâtre, récits, nouvelles*, Pléiade, p. 1727.

2. *Ibid.*, p. 1726.

l'impression de plaider ? Composées par un homme de métier, les pièces de Camus devraient être appréciées d'abord comme des performances théâtrales. C'est particulièrement vrai de Cali- gula, *qu'il écrit à partir de 1938 avec l'intention d'y interpréter le rôle principal, qu'il remanie pendant la guerre, retouche après les premières représentations de 1945, puis à nouveau en 1957 et 1958, en fonction des nouvelles circonstances de sa représentation. « Pièce d'acteur et de metteur en scène », affirme-t-il, avant de s'étonner : « Je cherche en vain la philosophie dans ces quatre actes[1]. » D'autres l'y ont trouvée pour lui. Camus lui-même leur avait fourni des arguments : dans un compte rendu de* La Nausée, *de Sartre (1938), il avait affirmé, d'une formule qui n'était pas sans risques, qu'* « un roman n'est jamais qu'une philosophie mise en images ». *Et si on appliquait la même définition au théâtre ? Dans* Le Mythe de Sisyphe *(1942), il précisera heureuse- ment sa pensée en opposant les « grands romanciers », ou « romanciers philosophes », aux « écrivains à thèse » : ces derniers transposent dans leur œuvre, telle quelle, une « pensée satisfaite », au contraire des écrivains philosophes qui utilisent leurs propres personnages et leurs propres symboles pour approfondir une pensée personnelle, toujours en recherche.* Caligula *offre un message assez ambigu pour qu'on lui épargne la vilaine étiquette de « pièce à thèse » ; mais ne peut- on y voir, sans faire offense à la qualité du spectacle, une « pièce philosophique » ? « Chez certains écrivains, déclare encore Camus, il me semble que leurs œuvres forment un tout où chacune s'éclaire par les autres, et où toutes se regardent[2]. » Chez lui, précisément, au sein du « cycle de l'absurde », qui*

---

1. « Préface à l'édition américaine du Théâtre » (1958), *ibid.*, p. 1729-1730.
2. *Actuelles II*, in *Essais*, Pléiade, p. 743.

dure jusque pendant la première moitié de la guerre avant de s'effacer devant le « cycle de la révolte », romans, pièces et essais s'éclairent mutuellement. À lire ses Carnets, *on a le sentiment qu'ils forment un tout.*

Sources historiques de *Caligula*

Marcel Arland avait déjà, dans La Route obscure *(1924), fait d'un empereur romain, Héliogabale, un symbole de la révolte contre la condition humaine* [1]. *Grâce aux* Vies des Douze Césars, *de Suétone, Henry de Montherlant se découvre des affinités avec d'autres figures impériales ; il les exprimera en 1927, dans* Aux fontaines du désir : *« Lorsque, petit garçon, je lisais et relisais les* Douze Césars, *j'y mettais trop de passion pour n'être pas averti que les fils les plus secrets du tempérament me liaient à ces hommes-là. Leurs excentricités, même quand je les blâmais, me paraissaient naturelles ; il le fallait bien : je sentais en moi le terrain d'où elles fussent nées dans des circonstances pareilles* [2]. *» C'est par son professeur de philosophie Jean Grenier que Camus eut accès à Suétone, en 1932 : « Lorsque devant Albert Camus (en Iʳᵉ Supérieure) je citais et vantais les* Vies des douze Césars *de Suétone, je le faisais du point de vue romantique et d'annunzien. Le mot de Caligula condamnant coupables et innocents indistinctement : " Ils sont tous coupables ! " me ravissait par son audace impassible. Un Nietzsche barbare — voilà quel était pour moi*

---

1. Le même personnage inspirera à Artaud un roman, *Héliogabale ou L'Anarchiste couronné* (1934).
2. Henry de Montherlant, *Aux fontaines du désir*, Bernard Grasset, 1927, p. 205 et Pléiade, *Essais*, p. 311.

cet empereur (et pas seulement un malade ou un fou[1]). » À
vingt ans, Camus lit un essai de son professeur intitulé Les
Îles *(1933) :* « *L'ébranlement que j'en reçus, l'influence qu'il
exerça sur moi, et sur beaucoup de mes amis, je ne peux mieux
les comparer qu'au choc provoqué sur toute une génération par*
Les Nourritures terrestres[2]. » *Au chapitre intitulé « L'île
de Pâques », Jean Grenier raconte qu'il avait un jour prêté
l'ouvrage de Suétone à un boucher souffrant. Les atrocités
commises par Caligula ravirent le malade :* « *Voilà des* durs,
*disait le boucher. Ah ! que la vie est belle ! Votre lecture m'a
fait du bien[3].* »

Fils de Germanicus et d'Agrippine, Caïus Caligula *(12 ap.
J.-C.-41) devint empereur de Rome en 37. Il périt assassiné,
victime d'une conjuration. D'après Suétone, son surnom
(diminutif de* caliga, *chaussure de soldat) lui venait du fait
qu'il avait grandi parmi des militaires. Il avait* « *la taille
haute, le teint livide, le corps mal proportionné, le cou et les
jambes tout à fait grêles, les yeux enfoncés et les tempes creuses,
le front large et mal conformé, les cheveux rares, le sommet de
la tête chauve, le reste du corps velu [...]. Quant à son visage,
naturellement affreux et repoussant, il s'efforçait de le rendre
plus horrible encore, en étudiant devant son miroir tous les jeux
de physionomie capables d'inspirer la terreur et l'effroi[4]* ». Il
ne put, dès son jeune âge, contenir sa nature « cruelle et
vicieuse ». Au début de son règne, pourtant, il « combla les

---

1. Jean Grenier, *Albert Camus. Souvenirs,* 1968, p. 59. Il faut
comprendre « première supérieure préparatoire », nom donné alors
à la classe de lettres supérieures, ou hypokhâgne.

2. Préface de Camus (1959) à Jean Grenier, *Les Îles,* L'Imagi-
naire, Gallimard, 1977, p. 9.

3. *Les Îles,* éd. citée, p. 106-107.

4. Nous nous servons de la traduction de Henri Ailloud, *Les
Belles Lettres,* 1932, et Folio, 1975.

vœux du peuple romain » par ses actes de générosité. *Mais il
céda bientôt à un désir effréné de puissance, à d'étranges
obsessions* (« *Les nuits où la lune brillait dans son plein, il
l'invitait fréquemment à venir l'embrasser et partager sa
couche* ») *et s'adonna à la débauche, entretenant des relations
incestueuses avec ses sœurs, particulièrement avec Drusilla. Il
se plaisait à humilier les sénateurs et, en présence de leurs
maris, les femmes de bonne condition. Il se chargeait lui-même
de procéder, avec d'incroyables raffinements de cruauté, aux
exécutions qu'il prononçait au gré de ses caprices. Il organisait
des spectacles où il se donnait la vedette, ainsi que des concours
de poésie. Il mourut finalement de la main de Cherea ; plus
exactement, celui-ci l'aurait frappé par-derrière, donnant ainsi
le signal de l'exécution aux autres conjurés.*

*La destinée de Caligula avait inspiré à Alexandre Dumas
une « tragédie* [1] *». Camus présente son œuvre plus vaguement
comme une « pièce en quatre actes ». Il va y atténuer la laideur
de l'empereur, son indication « Il est moins laid qu'on ne le
pense généralement* [2] *» faisant implicitement référence, pour
l'infléchir, à la tradition rapportée par Suétone. Quant au
reste, il reprend à l'historien de nombreux détails et épisodes du*

---

1. *Caligula*, tragédie en cinq actes et en vers, créée à la Comédie-
Française le 26 décembre 1837 et qui n'eut que vingt représentations. La critique et le public furent scandalisés de voir dès le
prologue un ivrogne sur la scène du Français. Par une singulière
hardiesse, Dumas avait fait de Messaline le principal personnage
féminin de la pièce ; il avait en outre rajeuni Cherea (ainsi qu'il s'en
expliquait dans une Préface) ; celui-ci, du reste, ne participait pas à
l'exécution finale de l'empereur. La pièce fut reprise en 1888 à
l'Odéon dans une mise en scène de Porel, avec une musique de
scène composée par Gabriel Fauré *(Caligula, op. 52)*.

2. Cette indication figure déjà dans la version de 1939 telle
qu'elle apparaît sur le manuscrit que nous donnons en annexe. Voir
p. 190.

*caractère et de la vie de Caligula, et jusque certaines phrases
comme « Tue-le lentement pour qu'il se sente mourir » (IV, 4),
ou « Je suis encore vivant ! » (IV, 14), prononcé par
l'empereur avant de mourir ; Suétone avait écrit précisément :
« Étendu à terre, les membres repliés sur eux-mêmes, il ne
cessait de crier qu'il vivait encore. » Deux noms mentionnés par
Suétone fournissent à Camus des rôles de premier plan :
Cherea et Cæsonia. Cherea était un « tribun d'une cohorte
prétorienne que Caïus, sans considération pour son âge avancé,
avait coutume de stigmatiser, par toutes sortes d'outrages,
comme un homme mou et efféminé ». Un « vieux patricien »,
dans la pièce reçoit ces outrages et frappe finalement
l'empereur dans le dos, tandis que Cherea s'oppose à lui avec
noblesse — ainsi le tyrannicide répond-il chez lui à un idéal
politique, non à une vengeance personnelle. Quant à Cæsonia,
chez Suétone, elle « n'était pas d'une beauté remarquable ni
dans la fleur de l'âge ; de plus, elle avait déjà eu trois filles
d'un autre mari, mais elle était perdue de débauche et de
vices ». Elle reçoit, dans la pièce, un rôle conforme à ces
penchants.*

Caligula et le cycle de l'Absurde

Caligula *apparaît pour la première fois dans les* Carnets
de Camus *à la date de « janvier 1937 » :*

Caligula ou le sens de la mort. 4 Actes
     I — a) Son accession. Joie. Discours vertueux
           (Cf. Suétone)
           b) Miroir
    II. — a) Ses sœurs et Drusilla

b) Mépris des grands

c) Mort de Drusilla. Fuite de Caligula

III. —

Fin : Caligula apparaît en ouvrant le rideau :

Non, Caligula n'est pas mort. Il est là, et là. Il est en chacun de vous. Si le pouvoir vous était donné, si vous aviez du cœur, si vous aimiez la vie, vous le verriez se déchaîner, ce monstre ou cet ange que vous portez en vous. Notre époque meurt d'avoir cru aux valeurs et que les choses pouvaient être belles et cesser d'être absurdes. Adieu, je rentre dans l'histoire où me tiennent enfermé depuis si longtemps ceux qui craignent de trop aimer [1].

Camus avait déjà manifesté son intérêt pour la tragédie de la condition humaine dans La Mort heureuse, *roman pour lequel il prend des notes dès 1936 [2], et où l'on relèvera, pour l'anecdote, que deux chats s'appelaient, comme ceux de Camus lui-même, Cali et Gula [3]. Dans ce premier roman, le héros, Mersault, tuait Zagreus, nom démarqué de celui que, d'après Nietzsche (*La Naissance de la tragédie, chap. X), les anciens attribuaient à Dionysos souffrant. Ce meurtre était celui « d'un nietzschéen qui fabrique lui-même sa liberté et son bonheur », écrit Roger Grenier, qui note que dans cette ébauche, « la notion d'absurde n'a pas encore vu le jour. Mersault veut vivre et être heureux [4] ». La prise de conscience que les hommes meurent et ne sont pas heureux, comme l'exprimera Caligula (I, 4), marque un tournant décisif dans*

---

1. Camus, *Carnets, I* (mai 1935-février 1942), 1962, p. 43.

2. Publié par Jean Sarocchi dans *Cahiers Albert Camus*, 1, 1971.

3. Voir *ibid.*, p. 132-133.

4. Roger Grenier, *Albert Camus. Soleil et ombre*, 1987, p. 75-76.

l'œuvre de Camus. Qu'il hésite, pour formuler sa pensée, entre plusieurs formes littéraires, on en a le soupçon en lisant dans les Carnets *(juillet 1937) : « Pour le Roman du joueur » ; or, le manuscrit de* Caligula *portera en sous-titre « Le Joueur ». En avril 1938, il note : « Expédier 2 Essais.* Caligula. *Aucune importance. Pas assez mûr. Publier à Alger »,* puis, en juin 1938 :*

Juin. Pour l'été :
1) Finir Florence et Alger.
2) Caligula.
3) Impromptu d'été.
4) Essai sur théâtre.
5) Essai sur 40 heures.
6) Récrire Roman.
7) L'Absurde,

un peu plus loin, toujours en juin 1938 : « Caligula : " Ce que vous ne comprendrez jamais, c'est que je suis un homme simple ". »

En décembre 1938 enfin :

Pour *Caligula* : L'anachronisme est ce qu'on peut inventer de plus fâcheux au théâtre. C'est pourquoi Caligula ne prononce pas dans la pièce la seule phrase raisonnable qu'il eût pu prononcer : « Un seul être qui pense et tout est dépeuplé. »

Caligula. « J'ai besoin que les êtres se taisent autour de moi. J'ai besoin du silence des êtres et que se taisent ces affreux tumultes du cœur. »

Ainsi, alors qu'il avait esquissé le plan et le dénouement de la pièce au début de 1937, Camus continua-t-il pendant près de

*deux ans à l'ébaucher. Son année 1937 est marquée par une
intense activité journalistique, politique et théâtrale (il monte
notamment le* Prométhée enchaîné *d'Eschyle), elle consacre
ses débuts d'écrivain avec la publication de* L'Envers et
l'endroit *en mai. Mais c'est aussi une année de crise morale.
Empêché de se présenter à l'agrégation de philosophie par la
tuberculose, dont il avait subi les premières atteintes à l'âge de
dix-sept ans, il se croit condamné par cette maladie qu'il
considère comme « métaphysique* [1] *». La perspective d'un poste
d'enseignant à Sidi Bel Abbès lui donne la peur de l'ennui, de
la « solitude » et du « définitif » de ces « 40 heures » sur
lesquelles il projette d'écrire un essai. À la fin de l'année, il
quitte le parti communiste auquel il avait adhéré en 1934. Que
faire de sa vie quand le besoin éperdu d'absolu ne trouve nulle
part de réponse, quand on aime le monde avec la force du
désespoir et avec une crainte de le perdre qui en fait mieux
encore ressortir les beautés ? Entre l'exaltation lyrique, qui
aboutira à* Noces, *et l'ironie cruelle qui inspirera* Caligula,
*la frontière est ténue, comme celle qui sépare le sentiment du
tragique et le jeu.*

Pendant ces mois de gestation, Camus « parlait constamment » de Caligula *et surtout le « jouait* [2] *». Sans doute
continue-t-il à le « jouer » à l'époque où il compose vraiment sa
pièce. Il écrira plus tard dans sa « Préface à l'édition
américaine du* Théâtre *» (1958) : « Je destinais cette pièce
au petit théâtre que j'avais créé à Alger et mon intention, en
toute simplicité, était de créer le rôle de Caligula. Les acteurs
débutants ont de ces ingénuités. Et puis j'avais 25 ans, âge où*

---

1. Témoignage de Max-Pol Fouchet, cité par Herbert R. Lottman, *Albert Camus*, 1978, p. 58.
2. Témoignage de Christiane Galindo, cité par A. James Arnold, dans *Cahiers Albert Camus*, 4, 1984, p. 136.

l'on doute de tout, sauf de soi[1]. » *C'est bien l'âge attribué par
Suétone à Caligula quand il devient empereur, et que Camus
mentionne jusqu'à l'édition de 1944 inclusivement dans la
distribution de la pièce. Avec son personnage, il a en commun,
non seulement l'âge, mais la soif d'absolu. Ce n'est pas, à
l'évidence, un rôle de composition qu'il se destine ; la
rectification apportée au physique de l'empereur tend à le
confirmer. Quand Gérard Philipe créera le rôle, en 1945, le
« Il est moins laid qu'on ne le pense généralement » deviendra
plus franchement encore une litote.*

Pour A. James Arnold[2], *la pièce a profité de l'abandon de*
La Mort heureuse *autant que de la composition de*
L'Étranger. La Mort heureuse *et* Caligula *commencent
par une mort : meurtre de Zagreus par Mersault pour la
première œuvre, mort de Drusilla, sœur et maîtresse de
Caligula, pour la seconde. (On se rappelle que dans le premier
plan de la pièce, qui suivait le récit de Suétone, la mort de
Drusilla devait n'intervenir qu'au fil de l'intrigue. Ce
déplacement est donc capital pour l'action et le sens de l'œuvre.)
La deuxième phase est dans les deux cas celle de la vie effrénée
(le jeu). La troisième et dernière est une nouvelle mort : celle de
Mersault, qui s'éteint heureux, victime de la tuberculose ; celle
de Caligula, qui tombe sous les coups des conjurés. Tandis que*
La Mort heureuse, *parsemée de traits autobiographiques,
racontait la vie d'un modeste Français d'Algérie,* Caligula
*met en scène un homme investi du suprême pouvoir terrestre.
Aucun des deux ne peut atteindre l'absolu, mais parce que
Caligula a l'illusion de pouvoir l'approcher, l'infranchissable
marge qui l'en sépare sera un cruel révélateur de l'absurdité de
la condition humaine dans son ensemble.*

1. *Théâtre, récits, nouvelles,* Pléiade, p. 1729.
2. *Cahiers Albert Camus,* 4, p. 141 et suiv.

L'élaboration de Caligula, *du moins dans la version dite de 1941, est également inséparable de celles de* L'Étranger *et du* Mythe de Sisyphe, *publiés l'un et l'autre en 1942. Dans ses* Carnets, *Camus note à la date du 21 février 1941 : « Terminé* Sisyphe. *Les trois Absurdes sont achevés. » Les deux autres sont évidemment* Caligula *et* L'Étranger. *À ses yeux, on ne peut pas dire que l'homme ou le monde soient absurdes en eux-mêmes : « Ce monde en lui-même n'est pas raisonnable, c'est tout ce qu'on en peut dire. Mais ce qui est absurde, c'est la confrontation de cet irrationnel et de ce désir éperdu de clarté dont l'appel résonne au plus profond de l'homme » (*Sisyphe*). Les réponses à l'absurde énumérées dans le* Mythe *se retrouvent à des degrés divers illustrées dans la pièce : « donjuanisme » (dont le goût de la débauche de l'empereur offre une désespérante caricature), « révolte grâce à l'art » (réduite elle aussi à des manifestations dérisoires) ; mais c'est plus encore le « nihilisme » qu'incarne Caligula, en se fondant « sur un au-delà humain qui est un pur néant pour l'homme*[1] *». Il faut répudier les dieux, non tenter de s'égaler à eux, pour éprouver pleinement la liberté à laquelle nous sommes condamnés. Tandis que Sisyphe est heureux de rouler avec abnégation et lucidité son rocher (du moins Camus postule-t-il ce bonheur avec une énergie qui peut apparaître comme celle du désespoir), Caligula, en prétendant conquérir la lune, déserte la condition humaine. Le dénouement de la pièce permettra en outre de méditer sur la phrase initiale du* Mythe de Sisyphe *: « Il n'y a qu'un problème philosophique vraiment sérieux : c'est le suicide. » Ayant affirmé une « envie de vivre et d'être heureux » (III, 6) qui ne peut reposer que sur la conviction que certaines actions sont plus belles que d'autres,*

---

1. André Nicolas, *Albert Camus ou le vrai Prométhée* (1966), « Philosophes de tous les temps », 1973, p. 60.

Cherea annonce tranquillement à son empereur, pour qui toutes les actions sont « équivalentes », qu'il doit disparaître. Prévenir Caligula de l'exécution qui l'attend, c'est changer d'avance cette exécution en une manière de suicide. En tuant de ses propres mains Cæsonia, complice qu'il accuse d'un goût pour la débauche qui ne fait que refléter le sien, Caligula accomplit le premier pas vers le meurtre expiatoire auquel il consentira finalement.

Les parentés de Caligula *avec* L'Étranger *apparaissent d'emblée puisque l'action des deux œuvres est déclenchée par la mort d'un être cher : Drusilla pour Caligula, la mère pour Meursault. Caligula et Meursault réagissent tous deux au deuil qui les frappe d'une manière inexplicable pour leur entourage : le premier s'éclipse durant trois jours, le second fait montre d'une totale indifférence. Leur décalage par rapport au monde les conduit, le premier à multiplier les occasions de débauche, le second à chercher les plaisirs de la chair grâce à une seule femme, Maria. Tous deux se laissent ensuite entraîner au crime, Caligula délibérément, Meursault machinalement. En dépit du caractère différent des deux personnages, tout se passe comme s'ils avaient été l'un et l'autre moralement désorientés du moment qu'a été coupé le lien qui les rattachait à la femme qui, sans qu'ils en eussent conscience, gouvernait leur vie. Comme Meursault, Caligula est confronté à la comédie jouée par la société. Mais, victime des pantins qui disposent de son sort, Meursault trouve en fin de compte le bonheur dans sa prison en s'ouvrant, devant une « nuit chargée de signes et d'étoiles », à la tendresse du monde ; Caligula, après avoir poussé jusqu'au vertige l'exercice de son pouvoir et manié à sa guise les pantins qui le servaient, doit s'avouer, avant de mourir, que « (sa) liberté n'est pas la bonne » ; ne contemplant plus que sa propre image dans son miroir, il s'éteint dans une nuit « lourde comme la douleur humaine ».*

Après une longue période de maturation, Camus avance rapidement dans la composition de sa pièce de décembre 1938 à juillet 1939. Le 19 de ce mois, il écrit à Jean Grenier : « Si j'avais du temps, j'aimerais parler du théâtre (par exemple les thèmes feuilletonesques chez Shakespeare). Mais en ce moment je termine ma pièce sur Caligula. *C'est la première fois que j'écris pour le théâtre et c'est une technique très différente : des idées simples — ou plutôt une idée simple, toujours la même, des situations qui frappent, des contrastes élémentaires, des artifices assez grossiers mais entraînants et quand c'est possible des brèves et des longues dans le récit, une sorte de halètement perpétuel de l'action*[1]. » *À Christiane Galindo, qui avait déjà dactylographié en 1938 le premier jet de* La Mort heureuse, *il écrit, le 27 juillet, en lui annonçant qu'il va recopier le manuscrit de sa pièce pour le lui envoyer : « Je ne peux détacher mon esprit de* Caligula. *Il est capital que ce soit une réussite. Avec mon roman et mon essai sur l'Absurde, il constitue le premier stade de ce que maintenant je n'ai pas peur d'appeler mon œuvre. Stade négatif et difficile à réussir mais qui décidera de tout le reste*[2]. » *A. James Arnold croit que Jean Paulhan se trompe quand il dit avoir été « épaté » en mars 1939 par le texte de la pièce : sans doute ne le lut-il que quelques mois plus tard. Au moins est-il sûr qu'après avoir achevé* Caligula, *Camus en soumet le manuscrit à de nombreux proches. Les avis mitigés qu'il reçoit contribuent à l'engager dans les modifications qui aboutiront à la version de 1941. D'autres raisons, d'ordre politique ou spécifiquement théâtrales, entraîneront de nouveaux changements jusqu'à la version dite définitive de 1958.*

1. *Correspondance Albert Camus-Jean Grenier (1932-1960)*, 1981, p. 35.
2. Lettre citée en note, *ibid.*, p. 53.

Caligula de 1939 à 1958

Le premier manuscrit de Caligula *date donc de 1939. Il porte en titre* Caligula ou le Joueur[1] *et affiche le plan suivant :*

Acte I : Désespoir de Caligula.
Acte II : Jeu de Caligula.
Acte III : Mort de Caligula.

L'acte III devient l'acte IV au début de 1941 quand Camus compose un nouvel acte, « Divinité de Caligula », où se lit l'écho le plus direct de la pensée du Mythe de Sisyphe. *Sur ce manuscrit ne figure pas encore Hélicon, celui que, dans* Les Apôtres, *Ernest Renan appelle le « railleur de prédilection » de Caligula. Renan utilise ici le* De legatione ad Caium, *de Philon d'Alexandrie. Faut-il supposer que Camus a puisé à la même source ?*

Le manuscrit de 1939 semble avoir eu pour premiers lecteurs Robert Namia (à qui Camus destinait le rôle de Scipion) et Pascal Pia, puis Malraux et Jean Grenier. Ce n'est que le 19 avril 1941 que Jean Grenier écrit à son ancien élève :

J'y ai trouvé beaucoup de mouvement et de vie, plus à la fin qu'au début. Je crois que cela peut être excellent au théâtre, sans pouvoir bien le dire.

Le Caligula romantique à la Jules Laforgue du 1er acte ne me plaît pas — désespoir d'amour — le crépuscule — les seins des femmes (qui dans vos deux

[1] Sur les manuscrits successifs, voir notre note sur le texte, p. 177.

mss[1] sont une obsession freudienne), n'est-ce pas quelque peu mièvre et faux? Il se peut qu'au théâtre ce soit différent.

Sur le Caligula-monstre il y a de belles tirades. Aussi sur le Caligula-Hamlet. Votre Caligula est complexe, peut-être contradictoire, je ne sais pas si ce n'est pas une qualité plutôt qu'un défaut quand il y a du mouvement comme il y en a dans votre pièce[2]

À l'acte I, scène 7 de la première version, « Caligula s'assied près de Cæsonia, entoure sa taille et prend dans la main un de ses seins »; probablement sur le conseil de Jean Grenier, Camus supprime la troisième notation. Caligula romantique? On pourrait objecter que Jean Grenier lui-même avait enseigné Suétone à Camus « d'un point de vue romantique »; mais sans doute l'expression désignait-elle alors une exaltation de la force et de la passion plutôt qu'une complaisance à la rêverie. Jean Grenier a bientôt l'occasion de réitérer ses réticences : Malraux, assure-t-il, pense comme lui « sur les côtés faibles (romantiques) » de la pièce. Camus se laisse ici encore persuader et réduit les dialogues où Caligula épanche auprès de Cæsonia une insolite tendresse[3]. Le « Caligula-Hamlet », qu'admire Jean Grenier, persistera jusque dans les dernières versions. On le reconnaîtrait, par exemple, à sa façon d'exécuter ses courtisans de la même manière que le héros de Shakespeare exécutait Polonius, dont le seul tort avait peut-être été de prêter aux nuages toutes les formes que lui suggérait son seigneur; plus généralement, c'est le même vertige devant

1. Voir *L'Étranger* : « J'ai effleuré ses seins » (I, 2), « On devinait ses seins durs » (I, 4)...

2. *Correspondance Albert Camus-Jean-Grenier*, p. 51

3. Voir Annexes, p. 198.

l'absolu qui fait perdre aux deux héros leurs repères moraux.

Plus que de simples conseils amicaux, le train du monde va influencer le destin de la pièce à partir de 1941. D'abord, Camus a quitté l'Algérie en 1940, et cet éloignement a pu l'aider à prendre du recul par rapport à une philosophie qui, dans Noces, Sisyphe et L'Étranger, se présentait surtout comme méditerranéenne. Ensuite, la guerre et l'occupation l'obligent à mettre sa pensée en situation. Dans ses Carnets, il note au 15 mars 1941, trois semaines après avoir achevé Sisyphe : « *L'Absurde et le Pouvoir — à creuser (cf. Hitler)* [1]. » « La famille tremble », disait le premier sénateur [2] (acte II, scène 2) ; Camus ajoute à sa formule : « Le respect du travail se perd, la patrie tout entière est livrée au blasphème », allusion transparente à la devise du régime de Vichy (Travail, Famille, Patrie). Il est vrai qu'en la mettant dans la bouche d'un ennemi du tyran, Camus contribue à l'ambiguïté politique de la pièce, voire à son aspect subversif : dans le conservatisme frileux et la veulerie des dignitaires de l'Empire, assurément moins sympathiques que le brave Polonius, le spectateur ne risque-t-il pas de trouver une justification aux excès de Caligula ? Ce tyran, à tout prendre, hait par-dessus tout le fumier d'où naissent les tyrans. Camus exprimera même comment, en consentant à mourir, son héros atteint à « une sorte de grandeur que la plupart des autres tyrans n'ont jamais connue [3] ».

À partir de 1943 toutefois, les remaniements estompent pour l'essentiel « le sens même de la tragédie du premier Caligula

---

1. *Carnets, I* (mai 1935-février 1942), p. 225.
2. Les « sénateurs » seront ensuite appelés « patriciens » dans la plupart des états du texte.
3. « Le programme pour le nouveau théâtre » (1958), in *Théâtre, récits, nouvelles*, Pléiade, p. 1750.

au profit de l'éthique de la révolte contre le totalitarisme[1] ».
*La figure de Cherea s'étoffe au point d'équilibrer celle de
l'empereur, comme dans* La Peste *celles de Rieux et de Tarrou
s'opposeront au fléau (symbole du totalitarisme) qui s'est
abattu sur la ville. Plus généralement, au « cycle de l'absurde », dont* Sisyphe *offrait la théorie, commence à succéder
le « cycle de la révolte » qui trouvera son aboutissement en
1951 avec* L'Homme révolté. *La première ébauche de cet
essai se lit dans l'analyse critique que Camus donne dès 1943
du nietzschéisme, forme la plus aiguë du nihilisme, « théorie de
la volonté de puissance individuelle », « condamnée à s'inscrire
dans une volonté de puissance totale » que le national-
socialisme a mise en œuvre*[2]. *Aux retouches apportées à*
Caligula *à partir de 1943 vont faire écho les* Lettres à un
ami allemand *(juillet 1943-juillet 1944), dont Camus
résumera le sens d'une formule : « Je ne déteste que les
bourreaux*[3]. »*

*Annonçant à Jean Grenier, le 11 octobre 1943, qu'il va
donner* Caligula *et* Le Malentendu *à* Gallimard, *il avoue sa
préférence pour la seconde des deux pièces : « Je suppose que
c'est la différence d'une pièce conçue et écrite en 38 et d'une
autre faite cinq ans après. Mais j'ai beaucoup resserré mon
texte autour d'un thème principal. De plus les deux techniques
sont absolument opposées et cela équilibrera le volume*[4]. » *À
cette lettre, il ajoute en note : « Je mettrai sa date à* Caligula,
*mais c'est surtout pour éviter les rapprochements avec l'actua-
lité. » Le sens de sa pièce a changé. Tandis qu'avant la guerre,*

---

1. A. James Arnold, *Cahiers Albert Camus, 4*, p. 170.
2. Voir le chapitre II de *L'Homme révolté*, « La Révolte métaphysique. Les Fils de Caïn ».
3. « Préface à l'édition italienne », in *Essais*, Pléiade, p. 219.
4. *Correspondance Albert Camus-Jean Grenier*, p. 107.

le goût du sang de Caligula *pouvait s'interpréter comme la
perversion d'une légitime aspiration à l'absolu, désormais doit
ressortir l'horreur de l'absolutisme. Encore ne faut-il pas lier
celui-ci à un régime politique particulier, aussi monstrueux
soit-il. La date de 1938 figurant dans l'édition originale de la
pièce excusera peut-être, aux yeux du lecteur, les imperfections
d'une œuvre de jeunesse ; elle permettra surtout d'élargir la
portée de la tragédie. «* Décor : *Il n'a pas d'importance. Tout
est permis, sauf le genre romain »,* indique Camus *en tête de la
distribution jusqu'à l'édition de 1944. Une actualisation du
décor trahirait pareillement les intentions de l'auteur : Caligula n'est pas plus un dictateur moderne qu'un empereur qui
annonce la décadence de Rome.*

Caligula *est donc édité avec* Le Malentendu, *chez
Gallimard, en mai 1944 ; puis seul, la même année, dans un
texte presque identique. L'édition de 1947 comportera davantage de modifications. Y apparaissent la scène 4 de l'acte III,
où le vieux patricien prévient Caligula du complot qui se trame
contre lui (en refusant de l'entendre, l'empereur consent de
manière moins ambiguë encore au « suicide » final) et les
scènes 1 et 2 de l'acte IV, où se précise la fascination de Scipion
pour Caligula. Camus retouche à nouveau la pièce en 1957,
pour le Festival d'Angers, et en 1958 pour le Nouveau Théâtre
de Paris.*

*À la différence du Caligula de l'histoire, celui de Camus a
une âme ; si son apparence physique fut d'emblée modifiée, c'est
parce qu'il devait la porter sur son visage. Le voici pourtant qui
évoque, à force de retouches, des tyrans plus noirs encore que les
« Césars » de Suétone, en tout cas mieux armés — les
spectateurs savaient, en 1945, de quels moyens disposent les
dictateurs du* XXe *siècle pour punir leur prochain des péchés dont
ils ont décidé de l'accuser. Que l'aspiration à l'absolu, par
définition déçue chez l'homme « absurde », puisse passer pour*

le moteur, sinon pour la justification, de crimes contre l'humanité, voilà qui jetterait sur le sens de la pièce une ombre troublante si on éclairait son héros exclusivement à la lumière de l'actualité. Mieux vaut le faire grâce à d'autres figures de l'histoire du théâtre. On verra alors en Caligula un Hamlet dont les velléités se seraient muées en intempérance d'action et à qui sa puissance permettrait de multiplier les caprices ; ou un Lorenzaccio qui, ayant étouffé en lui toute nostalgie d'innocence, pousserait jusqu'aux limites le dégoût de soi-même ; ou encore un Dom Juan qui, ayant résolu de bafouer pauvres, femmes et honnêtes gens, ne se soucierait même pas de parer d'un semblant d'élégance le jeu cynique où il se complaît. Au mieux, on attendra des représentations de Caligula *qu'elles explorent les virtualités du personnage ; au pire, on craindra que la figure incertaine de l'empereur ne donne la tentation au spectateur de chercher sa vérité ailleurs que sur scène, à la lumière de l'évolution de la pensée philosophique de Camus.*

Représenter *Caligula*

Les historiens du théâtre n'ont pas manqué d'associer Sartre et Camus. Ainsi, pour Geneviève Serreau, « moralistes avant d'être dramaturges », l'un et l'autre auraient versé « avec insouciance leur vin nouveau dans les vieilles outres du théâtre traditionnel [1] ». Mieux vaut, à tout prendre, reprocher à chacun des deux d'avoir mis en scène sa propre philosophie que de prétendre, comme le fit Henri Troyat dans La Nef *(novembre 1945), que « toute la pièce de M. Camus (*Caligula*) n'est qu'une illustration des principes existentialistes de*

---

1. G. Serreau, *Histoire du « nouveau théâtre »* (1966), coll. « Idées », 1981, p. 26.

M. Sartre[1] ». *Troyat, il est vrai, n'avait pas encore lu l'interview donnée par Camus aux* Nouvelles littéraires *(15 novembre 1945), où il affirmait : « Non, je ne suis pas existentialiste*[2]. » *Sa brouille avec Sartre, au début des années cinquante, aura le pauvre mérite de convaincre les derniers sceptiques.*

Dans sa réponse à Henri Troyat, Camus avoue qu'il ne se fait « pas trop d'illusion sur ce que vaut Caligula ». *On ne saurait, sans légèreté, le taxer d' « insouciance » dans l'exercice de son métier de dramaturge. Mais les retouches qu'il apporte sans cesse à sa pièce obéissent à l'évolution de sa pensée, aux contingences des nouvelles représentations, non à l'ambition de contribuer à un « nouveau théâtre ». S'il pouvait être réduit à « une idée simple », le sujet de* Caligula *ne se prêtait pas pour autant idéalement aux changements de rythme, au « perpétuel halètement de l'action » auxquels Camus rêvait dès 1939. L'empereur apparaissant d'emblée et à l'évidence capable de mener jusqu'à l'extrême cruauté un pouvoir sans limites, l'accumulation de ses crimes ne nourrit pas une véritable action dramatique. Même les conjurés qui l'abattent ne sont pas ressentis comme des adversaires : ils exécutent en effet une mise à mort que Caligula attend, du moment qu'il a condamné une humanité à laquelle il appartient. Quant aux manifestations ludiques (adoration de l'empereur en Vénus, concours de poésie...), elles font figure d'épisodes, voire d'intermèdes, qui illustrent plutôt qu'ils ne révèlent le caractère du héros. Va-t-on arguer que le drame est, dans* Caligula, *effacé par la dimension tragique ? Mais, alors que la dérision qui s'exerce aux dépens des manifestations religieuses confirme que le ciel*

1. Voir la réponse de Camus dans *Théâtre, récits, nouvelles*, Pléiade, p. 1745-1746.
2. Voir *Essais*, p. 1424-1427.

s'est vidé de ses dieux, aucune autre force ne vient les remplacer pour peser sur le héros. Le destin auquel il est condamné étant celui de la condition humaine, que traduisent au mieux ses discours et ceux de son entourage, Caligula n'est pas Prométhée.

Nous l'avons apparenté à Dom Juan. Le grand seigneur de la comédie de Molière apparaît en effet, vis-à-vis de ses conquêtes d'un jour ou de son créancier, aussi omnipotent qu'un empereur romain, et il n'est pas sûr que les épisodes de la comédie de Molière s'enchaînent avec une logique plus rigoureuse que ceux de Caligula. Du moins le héros de Molière admet-il un contradicteur, Sganarelle, qui, en ayant stupidement raison contre les brillantes démonstrations de son maître, équilibre grâce à sa force comique la distribution de la pièce. Face à Caligula ne se dresse guère que Cherea, qui a trop logiquement et moralement raison pour que ses arguments acquièrent une valeur dramatique. Dom Juan se moque ou s'irrite des remontrances de son valet ; Caligula entend à peine celles de Cherea : son chemin étant d'avance tracé jusqu'au suicide, celles-ci font l'effet de maximes livrées au spectateur pour mieux éclairer la monstruosité d'un héros qui, quoi qu'il advienne, agit en solitaire. En outre, si Dom Juan défie le Ciel, c'est le signe qu'il y croit. Caligula, lui, ayant renoncé à la lune, ne s'adresse qu'au néant. Aussi, tandis que la comédie de Molière se dénoue par l'intervention d'une statue fantastique, mais dramatiquement plausible puisque le héros l'attendait, Caligula s'achève sur le face-à-face du héros avec son miroir, accessoire peu déchiffrable pour le spectateur du balcon et que plusieurs metteurs en scène ont préféré supprimer de la représentation. Un chef-d'œuvre du répertoire obligerait-il à choisir entre la claire expression de son sens et sa force scénique ? Peut-être, en plaçant Caligula face au vide, Camus s'est-il donné une mission théâtrale impossible.

*D'autres indications scéniques de l'auteur passent malaisé-
ment la rampe. Le meurtre de Mereia (acte II, scène 10)
illustre, au-delà de sa cruauté, la brutalité de Caligula. Après
une « lutte de quelques instants », l'empereur « lui enfonce la
fiole entre les dents et la brise à coups de poing ». Ce détail ne
peut valoir que pour un lecteur. On doute, même, que le meurtre
de Cæsonia, étranglée sous nos yeux, et le rôle qui s'ensuit
offrent une situation aisée pour un metteur en scène. Le
« théâtre de la cruauté », tel que le rêvait Artaud, a pour
vocation de susciter des émotions qui ne viennent pas de
la simple « représentation » d'une cruauté donnée pour
réelle ; dès que, la distanciation se réduisant, le spectateur est
invité à croire à la réalité du spectacle, le dramaturge se
soustrait difficilement aux bienséances du théâtre classique.
Aussi l'invisible meurtre de Camille par Horace inspire-
t-il plus d'horreur que cette strangulation de Cæsonia que
le metteur en scène s'expose à rendre soit laborieuse, soit
anodine.*

*Si, en dépit de ces embarras, les mises en scène qui se sont
succédé depuis la création de la pièce plaident en sa faveur, elles
le doivent d'abord aux virtualités d'interprétation de la figure
de l'empereur. Malgré son talent et son physique de légende,
Gérard Philipe n'a pas « écrasé » le rôle. Mais peut-être son
allure angélique* [1] *laissait-elle justement le chemin libre à des
interprètes plus évidemment torturés ? On peine plus encore à
identifier ce monstre à celui qui en fut le premier interprète
virtuel : Albert Camus lui-même. Jean Grenier témoigne
pourtant que tout en cherchant plutôt, à partir de 1947, des
« valeurs moyennes », Camus a gardé jusqu'au bout « sa
" fixation au meurtre " (comme il disait) et cette violence*

---

1. Voir historique de la mise en scène, p. 182.

intérieure qui animait son Caligula[1] ». *Jeune homme épris d'absolu (incarné avec vraisemblance par l'auteur lui-même ou par Gérard Philipe) ou tyran sanguinaire (les deux hommes paraissent alors à contre-emploi) ? Si nous avons bien compris les intentions de Camus, Caligula fut surtout le premier avant 1941, davantage le second ensuite, mais, de bout en bout, à la fois l'un et l'autre. Notre capacité à concevoir les infinies possibilités de l'âme humaine est saisie de vertige entre ces deux extrémités, et la plasticité du rôle découle de ce double aspect.*

La genèse de La Chute *(1956) suggère que jusque dans son dernier récit, Camus a voulu tenir les deux bouts de la chaîne. En Clamence, il projette à la fois une image de soi-même et celle de ses pires ennemis. À l'exemple de Caligula, le héros de* La Chute *affirme que nous sommes tous coupables et, battant sa coulpe, dirige vers les autres le miroir de sa propre déchéance afin de mieux les asservir. De l'Empire romain, le décor s'est déplacé vers le sombre réseau des canaux d'Amsterdam ; la fuite par le jeu se réduit cette fois à un simple exercice de rhétorique ; enfin, dans les limites de l'œuvre, le « juge-pénitent » se contente d'une unique victime. Ainsi sont exprimés plus fortement son enfermement et sa solitude. Dialogue d'où sont escamotées les répliques de l'autre, le texte du récit permet même de supposer que Clamence ne s'adresse en vérité qu'à lui-même. Pour composer* La Chute, *toutefois, Camus n'interroge plus sa juvénile soif d'absolu, mais un aspect de sa personnalité que l'âge, à ses propres yeux, rend grinçant au point de lui donner des parentés avec ceux qu'il abhorre. Malgré sa complexité, Clamence s'unifie moins périlleusement que Cali-*

1. Jean Grenier, *Albert Camus. Souvenirs,* éd. citée, p. 143. Le 26 mars 1955, Camus fit de sa pièce une lecture, au Théâtre des Noctambules. « Soirée impressionnante, car il joue plutôt qu'il ne lit », témoigne Roger Grenier (*Albert Camus. Soleil et ombre,* p. 124).

gula. *Cette unité se produit d'autant mieux qu'au lieu de se donner à voir, selon une vocation inhérente à tout personnage de théâtre, il admet l'ambiguïté de représentation propre aux personnages romanesques. Il semble pour cette raison qu'à l'exemple de Diderot, Camus a livré dans un dialogue ironique, non destiné à la scène, le meilleur de son génie théâtral. Au moins, pour que vive* Caligula, *les décorateurs devront-ils continuer d'en bannir le « genre romain » : c'est à Amsterdam ou ailleurs, voire en nous-mêmes, que la pièce nous apprend, comme le disait Camus à son « ami allemand », à « ne détester que les bourreaux ».*

Pierre-Louis Rey

Caligula

PIÈCE EN QUATRE ACTES

Caligula *a été représenté pour la première fois en 1945 sur la scène du Théâtre Hébertot (direction Jacques Hébertot), dans la mise en scène de Paul Œttly ; le décor étant de Louis Miquel et les costumes de Marie Viton.*

DISTRIBUTION

CALIGULA	*Gérard Philipe.*
CÆSONIA	*Margo Lion.*
HÉLICON	*Georges Vitaly.*
SCIPION	*Michel Bouquet,* puis *Georges Carmier.*
CHEREA	*Jean Barrère.*
SENECTUS, *le vieux patricien*	*Georges Saillard.*
METELLUS, *patricien*	*François Darbon,* puis *René Desormes.*
LEPIDUS, *patricien*	*Henry Duval.*
OCTAVIUS, *patricien*	*Norbert Pierlot.*

PATRICIUS, *l'intendant*	*Fernand Liesse.*
MEREIA	*Guy Favières.*
MUCIUS	*Jacques Leduc.*
PREMIER GARDE	*Jean Œttly.*
DEUXIÈME GARDE	*Jean Fonteneau.*
PREMIER SERVITEUR	*Georges Carmier,* *puis Daniel Crouet.*
DEUXIÈME SERVITEUR	*Jean-Claude Orlay.*
TROISIÈME SERVITEUR	*Roger Saltel.*
FEMME DE MUCIUS	*Jacqueline Hébel.*
PREMIER POÈTE	*Georges Carmier,* *puis Daniel Crouet.*
DEUXIÈME POÈTE	*Jean-Claude Orlay.*
TROISIÈME POÈTE	*Jacques Leduc.*
QUATRIÈME POÈTE	*François Darbon,* *puis René Desormes.*
CINQUIÈME POÈTE	*Fernand Liesse.*
SIXIÈME POÈTE	*Roger Saltel.*

La scène se passe dans le palais de Caligula.

Il y a un intervalle de trois années entre le premier acte et les actes suivants.

ACTE PREMIER[1]

SCÈNE PREMIÈRE

Des patriciens, dont un très âgé, sont groupés dans une salle du palais et donnent des signes de nervosité

PREMIER PATRICIEN

Toujours rien.

LE VIEUX PATRICIEN

Rien le matin, rien le soir.

DEUXIÈME PATRICIEN

Rien depuis trois jours.

LE VIEUX PATRICIEN

Les courriers partent, les courriers reviennent. Ils secouent la tête et disent : « Rien. »

DEUXIÈME PATRICIEN

Toute la campagne est battue, il n'y a rien à faire.

PREMIER PATRICIEN

Pourquoi s'inquiéter à l'avance? Attendons. Il reviendra peut-être comme il est parti.

LE VIEUX PATRICIEN

Je l'ai vu sortir du palais. Il avait un regard étrange.

PREMIER PATRICIEN

J'étais là aussi et je lui ai demandé ce qu'il avait.

DEUXIÈME PATRICIEN

A-t-il répondu?

PREMIER PATRICIEN

Un seul mot : « Rien. »
            Un temps. Entre Hélicon, mangeant des oignons.

DEUXIÈME PATRICIEN, *toujours nerveux.*

C'est inquiétant.

PREMIER PATRICIEN

Allons, tous les jeunes gens sont ainsi.

LE VIEUX PATRICIEN

Bien entendu, l'âge efface tout.

DEUXIÈME PATRICIEN

Vous croyez?

PREMIER PATRICIEN

Souhaitons qu'il oublie.

LE VIEUX PATRICIEN

Bien sûr ! Une de perdue, dix de retrouvées.

HÉLICON

Où prenez-vous qu'il s'agisse d'amour ?

PREMIER PATRICIEN

Et de quoi d'autre ?

HÉLICON

Le foie peut-être. Ou le simple dégoût de vous voir tous les jours. On supporterait tellement mieux nos contemporains s'ils pouvaient de temps en temps changer de museau. Mais non, le menu ne change pas. Toujours la même fricassée.

LE VIEUX PATRICIEN

Je préfère penser qu'il s'agit d'amour. C'est plus attendrissant.

HÉLICON

Et rassurant, surtout, tellement plus rassurant. C'est le genre de maladies qui n'épargnent ni les intelligents ni les imbéciles.

PREMIER PATRICIEN

De toute façon, heureusement, les chagrins ne sont pas éternels. Êtes-vous capable de souffrir plus d'un an ?

DEUXIÈME PATRICIEN

Moi, non.

PREMIER PATRICIEN

Personne n'a ce pouvoir.

LE VIEUX PATRICIEN

La vie serait impossible.

PREMIER PATRICIEN

Vous voyez bien. Tenez, j'ai perdu ma femme, l'an passé. J'ai beaucoup pleuré et puis j'ai oublié. De temps en temps, j'ai de la peine. Mais, en somme, ce n'est rien.

LE VIEUX PATRICIEN

La nature fait bien les choses.

HÉLICON

Quand je vous regarde, pourtant, j'ai l'impression qu'il lui arrive de manquer son coup.

Entre Cherea.

PREMIER PATRICIEN

Eh bien?

CHEREA

Toujours rien

HÉLICON

Du calme, Messieurs, du calme. Sauvons les apparences. L'Empire romain, c'est nous. Si nous perdons la figure, l'Empire perd la tête. Ce n'est pas le moment, oh non! Et pour commencer, allons déjeuner, l'Empire se portera mieux.

LE VIEUX PATRICIEN

C'est juste, il ne faut pas lâcher la proie pour l'ombre.

CHEREA

Je n'aime pas cela. Mais tout allait trop bien. Cet empereur était parfait.

DEUXIÈME PATRICIEN

Oui, il était comme il faut : scrupuleux et sans expérience.

PREMIER PATRICIEN

Mais, enfin, qu'avez-vous et pourquoi ces lamentations ? Rien ne l'empêche de continuer. Il aimait Drusilla, c'est entendu. Mais elle était sa sœur, en somme. Coucher avec elle, c'était déjà beaucoup. Mais bouleverser Rome parce qu'elle est morte, cela dépasse les bornes.

CHEREA

Il n'empêche. Je n'aime pas cela, et cette fuite ne me dit rien.

LE VIEUX PATRICIEN

Oui, il n'y a pas de fumée sans feu.

PREMIER PATRICIEN

En tout cas, la raison d'État ne peut admettre un inceste qui prend l'allure des tragédies. L'inceste, soit, mais discret.

HÉLICON

Vous savez, l'inceste, forcément, ça fait toujours un peu de bruit. Le lit craque, si j'ose m'exprimer ainsi. Qui vous dit, d'ailleurs, qu'il s'agisse de Drusilla?

DEUXIÈME PATRICIEN

Et de quoi donc alors?

HÉLICON

Devinez. Notez bien, le malheur c'est comme le mariage. On croit qu'on choisit et puis on est choisi. C'est comme ça, on n'y peut rien. Notre Caligula est malheureux, mais il ne sait peut-être même pas pourquoi! Il a dû se sentir coincé, alors il a fui. Nous en aurions tous fait autant. Tenez, moi qui vous parle, si j'avais pu choisir mon père, je ne serais pas né.

Entre Scipion.

SCÈNE II

CHEREA

Alors?

SCIPION

Encore rien. Des paysans ont cru le voir, dans la nuit d'hier, près d'ici, courant à travers l'orage.
Cherea revient vers les sénateurs. Scipion le suit.

CHEREA

Cela fait bien trois jours, Scipion?

SCIPION

Oui. J'étais présent, le suivant comme de coutume. Il s'est avancé vers le corps de Drusilla. Il l'a touché avec deux doigts. Puis il a semblé réfléchir, tournant sur lui-même, et il est sorti d'un pas égal. Depuis, on court après lui.

CHEREA, *secouant la tête.*

Ce garçon aimait trop la littérature.

DEUXIÈME PATRICIEN

C'est de son âge.

CHEREA

Mais ce n'est pas de son rang. Un empereur artiste, cela n'est pas convenable. Nous en avons eu un ou deux, bien entendu. Il y a des brebis galeuses partout. Mais les autres ont eu le bon goût de rester des fonctionnaires.

PREMIER PATRICIEN

C'était plus reposant.

LE VIEUX PATRICIEN

À chacun son métier.

SCIPION

Que peut-on faire, Cherea ?

CHEREA

Rien.

DEUXIÈME PATRICIEN

Attendons. S'il ne revient pas, il faudra le remplacer. Entre nous, les empereurs ne manquent pas.

PREMIER PATRICIEN

Non, nous manquons seulement de caractères.

CHEREA

Et s'il revient mal disposé?

PREMIER PATRICIEN

Ma foi, c'est encore un enfant, nous lui ferons entendre raison.

CHEREA

Et s'il est sourd au raisonnement?

PREMIER PATRICIEN, *il rit*.

Eh bien! n'ai-je pas écrit, dans le temps, un traité du coup d'État?

CHEREA

Bien sûr, s'il le fallait! Mais j'aimerais mieux qu'on me laisse à mes livres.

SCIPION

Je vous demande pardon.

Il sort.

CHEREA

Il est offusqué.

LE VIEUX PATRICIEN

C'est un enfant. Les jeunes gens sont solidaires.

HÉLICON

Solidaires ou non, ils vieilliront de toute façon.

Un garde apparaît : « On a vu Caligula dans
le jardin du palais. »
Tous sortent.

SCÈNE III

*La scène reste vide quelques secondes. Caligula entre
furtivement par la gauche. Il a l'air égaré, il est sale, il a les
cheveux pleins d'eau et les jambes souillées. Il porte plusieurs
fois la main à sa bouche. Il avance vers le miroir et s'arrête dès
qu'il aperçoit sa propre image. Il grommelle des paroles
indistinctes, puis va s'asseoir, à droite, les bras pendants entre
les genoux écartés. Hélicon entre à gauche. Apercevant
Caligula, il s'arrête à l'extrémité de la scène et l'observe en
silence. Caligula se retourne et le voit. Un temps.*

SCÈNE IV

HÉLICON, *d'un bout de la scène à l'autre.*

Bonjour, Caïus.

CALIGULA, *avec naturel.*

Bonjour, Hélicon.

Silence.

HÉLICON

Tu sembles fatigué?

CALIGULA

J'ai beaucoup marché.

HÉLICON

Oui, ton absence a duré longtemps.

Silence.

CALIGULA

C'était difficile à trouver.

HÉLICON

Quoi donc?

CALIGULA

Ce que je voulais.

HÉLICON

Et que voulais-tu?

CALIGULA, *toujours naturel.*

La lune.

HÉLICON

Quoi?

CALIGULA

Oui, je voulais la lune.

HÉLICON

Ah !

Silence. Hélicon se rapproche.

Pour quoi faire ?

CALIGULA

Eh bien !... C'est une des choses que je n'ai pas.

HÉLICON

Bien sûr. Et maintenant, tout est arrangé ?

CALIGULA

Non, je n'ai pas pu l'avoir.

HÉLICON

C'est ennuyeux.

CALIGULA

Oui, c'est pour cela que je suis fatigué.

Un temps.

CALIGULA

Hélicon !

HÉLICON

Oui, Caïus.

CALIGULA

Tu penses que je suis fou.

HÉLICON

Tu sais bien que je ne pense jamais. Je suis bien trop intelligent pour ça.

CALIGULA

Oui. Enfin ! Mais je ne suis pas fou et même je n'ai
jamais été aussi raisonnable. Simplement, je me suis
senti tout d'un coup un besoin d'impossible. *(Un
temps.)* Les choses, telles qu'elles sont, ne me semblent
pas satisfaisantes.

HÉLICON

C'est une opinion assez répandue.

CALIGULA

Il est vrai. Mais je ne le savais pas auparavant.
Maintenant, je sais. *(Toujours naturel.)* Ce monde, tel
qu'il est fait, n'est pas supportable. J'ai donc besoin
de la lune, ou du bonheur, ou de l'immortalité, de
quelque chose qui soit dément peut-être, mais qui ne
soit pas de ce monde.

HÉLICON

C'est un raisonnement qui se tient. Mais, en
général, on ne peut pas le tenir jusqu'au bout.

CALIGULA,
se levant, mais avec la même simplicité.

Tu n'en sais rien. C'est parce qu'on ne le tient
jamais jusqu'au bout que rien n'est obtenu. Mais il
suffit peut-être de rester logique jusqu'à la fin.

Il regarde Hélicon.

Je sais aussi ce que tu penses. Que d'histoires pour
la mort d'une femme ! Non, ce n'est pas cela. Je crois
me souvenir, il est vrai, qu'il y a quelques jours, une
femme que j'aimais est morte. Mais qu'est-ce que

l'amour? Peu de chose. Cette mort n'est rien, je te le jure; elle est seulement le signe d'une vérité qui me rend la lune nécessaire. C'est une vérité toute simple et toute claire, un peu bête, mais difficile à découvrir et lourde à porter.

HÉLICON

Et qu'est-ce donc que cette vérité, Caïus?

CALIGULA, *détourné, sur un ton neutre.*

Les hommes meurent et ils ne sont pas heureux.

HÉLICON, *après un temps.*

Allons, Caïus, c'est une vérité dont on s'arrange très bien. Regarde autour de toi. Ce n'est pas cela qui les empêche de déjeuner.

CALIGULA, *avec un éclat soudain.*

Alors, c'est que tout, autour de moi, est mensonge, et moi, je veux qu'on vive dans la vérité! Et justement, j'ai les moyens de les faire vivre dans la vérité. Car je sais ce qui leur manque, Hélicon. Ils sont privés de la connaissance et il leur manque un professeur qui sache ce dont il parle.

HÉLICON

Ne t'offense pas, Caïus, de ce que je vais te dire. Mais tu devrais d'abord te reposer.

CALIGULA, *s'asseyant et avec douceur.*

Cela n'est pas possible, Hélicon, cela ne sera plus jamais possible.

HÉLICON

Et pourquoi donc ?

CALIGULA

Si je dors, qui me donnera la lune ?

HÉLICON, *après un silence.*

Cela est vrai.

Caligula se lève avec un effort visible.

CALIGULA

Écoute, Hélicon. J'entends des pas et des bruits de
voix. Garde le silence et oublie que tu viens de me
voir.

HÉLICON

J'ai compris.

Caligula se dirige vers la sortie. Il se retourne.

CALIGULA

Et, s'il te plaît, aide-moi désormais.

HÉLICON

Je n'ai pas de raisons de ne pas le faire, Caïus. Mais
je sais beaucoup de choses et peu de choses m'intéressent. À quoi donc puis-je t'aider ?

CALIGULA

À l'impossible.

HÉLICON

Je ferai pour le mieux.

Caligula sort. Entrent rapidement Scipion et Cæsonia.

SCÈNE V

SCIPION

Il n'y a personne. Ne l'as-tu pas vu, Hélicon?

HÉLICON

Non.

CÆSONIA

Hélicon, ne t'a-t-il vraiment rien dit avant de s'échapper?

HÉLICON

Je ne suis pas son confident, je suis son spectateur. C'est plus sage.

CÆSONIA

Je t'en prie.

HÉLICON

Chère Cæsonia, Caïus est un idéaliste, tout le monde le sait. Autant dire qu'il n'a pas encore compris. Moi oui, c'est pourquoi je ne m'occupe de rien. Mais si Caïus se met à comprendre, il est capable au contraire, avec son bon petit cœur, de s'occuper de tout. Et Dieu sait ce que ça nous coûtera. Mais, vous permettez, le déjeuner!

Il sort.

SCÈNE VI

Cæsonia s'assied avec lassitude.

CÆSONIA

Un garde l'a vu passer. Mais Rome tout entière voit
Caligula partout. Et Caligula, en effet, ne voit que son
idée.

SCIPION

Quelle idée?

CÆSONIA

Comment le saurais-je, Scipion?

SCIPION

Drusilla?

CÆSONIA

Qui peut le dire? Mais il est vrai qu'il l'aimait. Il
est vrai que cela est dur de voir mourir aujourd'hui ce
que, hier, on serrait dans ses bras.

SCIPION, *timidement.*

Et toi?

CÆSONIA

Oh! moi, je suis la vieille maîtresse.

SCIPION

Cæsonia, il faut le sauver.

CÆSONIA

Tu l'aimes donc?

SCIPION

Je l'aime. Il était bon pour moi. Il m'encourageait et je sais par cœur certaines de ses paroles. Il me disait que la vie n'est pas facile, mais qu'il y avait la religion, l'art, l'amour qu'on nous porte. Il répétait souvent que faire souffrir était la seule façon de se tromper. Il voulait être un homme juste.

CÆSONIA, *se levant.*

C'était un enfant.

Elle va vers le miroir et s'y contemple.

Je n'ai jamais eu d'autre dieu que mon corps, et c'est ce dieu que je voudrais prier aujourd'hui pour que Caïus me soit rendu.

Entre Caligula. Apercevant Cæsonia et Scipion, il hésite et recule. Au même instant entrent à l'opposé les patriciens et l'intendant du palais. Ils s'arrêtent, interdits, Cæsonia se retourne. Elle et Scipion courent vers Caligula. Il les arrête d'un geste.

SCÈNE VII

L'INTENDANT, *d'une voix mal assurée.*

Nous... nous te cherchions, César.

CALIGULA, *d'une voix brève et changée.*

Je vois.

L'INTENDANT

Nous... c'est-à-dire...

CALIGULA, *brutalement.*

Qu'est-ce que vous voulez ?

L'INTENDANT

Nous étions inquiets, César.

CALIGULA, *s'avançant vers lui.*

De quel droit ?

L'INTENDANT

Eh ! heu... *(Soudain inspiré et très vite.)* Enfin, de toute façon, tu sais que tu as à régler quelques questions concernant le Trésor public.

CALIGULA, *pris d'un rire inextinguible.*

Le Trésor ? Mais c'est vrai, voyons, le Trésor, c'est capital.

L'INTENDANT

Certes, César.

CALIGULA, *toujours riant, à Cæsonia.*

N'est-ce pas, ma chère, c'est très important, le Trésor ?

CÆSONIA

Non, Caligula, c'est une question secondaire.

CALIGULA

Mais c'est que tu n'y connais rien. Le Trésor est d'un intérêt puissant. Tout est important : les finances, la moralité publique, la politique extérieure, l'approvisionnement de l'armée et les lois agraires ! Tout est capital, te dis-je. Tout est sur le même pied : la grandeur de Rome et tes crises d'arthritisme. Ah ! je vais m'occuper de tout cela. Écoute-moi un peu, intendant.

L'INTENDANT

Nous t'écoutons...

Les patriciens s'avancent.

CALIGULA

Tu m'es fidèle, n'est-ce pas ?

L'INTENDANT, *d'un ton de reproche.*

César !

CALIGULA

Eh bien, j'ai un plan à te soumettre. Nous allons bouleverser l'économie politique en deux temps. Je te l'expliquerai, intendant... quand les patriciens seront sortis.

Les patriciens sortent.

SCÈNE VIII

Caligula s'assied près de Cæsonia.

CALIGULA

Écoute bien. Premier temps : tous les patriciens, toutes les personnes de l'Empire qui disposent de quelque fortune — petite ou grande, c'est exactement la même chose — doivent obligatoirement déshériter leurs enfants et tester sur l'heure en faveur de l'État.

L'INTENDANT

Mais, César...

CALIGULA

Je ne t'ai pas encore donné la parole. À raison de nos besoins, nous ferons mourir ces personnages dans l'ordre d'une liste établie arbitrairement. À l'occasion, nous pourrons modifier cet ordre, toujours arbitrairement. Et nous hériterons.

CÆSONIA, *se dégageant.*

Qu'est-ce qui te prend ?

CALIGULA, *imperturbable.*

L'ordre des exécutions n'a, en effet, aucune importance. Ou plutôt ces exécutions ont une importance égale, ce qui entraîne qu'elles n'en ont point. D'ailleurs, ils sont aussi coupables les uns que les autres. Notez d'ailleurs qu'il n'est pas plus immoral de voler directement les citoyens que de glisser des taxes indirectes dans le prix de denrées dont ils ne peuvent se passer. Gouverner, c'est voler, tout le monde sait ça. Mais il y a la manière. Pour moi, je volerai franchement. Ça vous changera des gagne-petit. (*Rudement, à l'intendant.*) Tu exécuteras ces ordres sans délai. Les testaments seront signés dans la soirée par tous les habitants de Rome dans un mois au plus tard par tous les provinciaux. Envoie des courriers.

L'INTENDANT

César, tu ne te rends pas compte...

CALIGULA

Écoute-moi bien, imbécile. Si le Trésor a de l'importance, alors la vie humaine n'en a pas. Cela est clair. Tous ceux qui pensent comme toi doivent admettre ce raisonnement et compter leur vie pour rien puisqu'ils tiennent l'argent pour tout. Au demeurant, moi, j'ai décidé d'être logique et puisque j'ai le pouvoir, vous allez voir ce que la logique va vous coûter. J'exterminerai les contradicteurs et les contradictions. S'il le faut, je commencerai par toi.

L'INTENDANT

César, ma bonne volonté n'est pas en question, je te le jure.

CALIGULA

Ni la mienne, tu peux m'en croire. La preuve, c'est que je consens à épouser ton point de vue et à tenir le Trésor public pour un objet de méditations. En somme, remercie-moi, puisque je rentre dans ton jeu et que je joue avec tes cartes. (*Un temps et avec calme.*) D'ailleurs, mon plan, par sa simplicité, est génial, ce qui clôt le débat. Tu as trois secondes pour disparaître. Je compte : un...

L'intendant disparaît.

SCÈNE IX

CÆSONIA

Je te reconnais mal! C'est une plaisanterie, n'est-ce pas?

CALIGULA

Pas exactement, Cæsonia. C'est de la pédagogie.

SCIPION

Ce n'est pas possible, Caïus!

CALIGULA

Justement!

SCIPION

Je ne te comprends pas.

CALIGULA

Justement! il s'agit de ce qui n'est pas possible, ou plutôt il s'agit de rendre possible ce qui ne l'est pas.

SCIPION

Mais c'est un jeu qui n'a pas de limites. C'est la récréation d'un fou.

CALIGULA

Non, Scipion, c'est la vertu d'un empereur. (*Il se renverse avec une expression de fatigue.*) Je viens de comprendre enfin l'utilité du pouvoir. Il donne ses chances à l'impossible. Aujourd'hui, et pour tout le temps qui va venir, la liberté n'a plus de frontières.

CÆSONIA, *tristement.*

Je ne sais pas s'il faut s'en réjouir, Caïus.

CALIGULA

Je ne le sais pas non plus. Mais je suppose qu'il faut en vivre.

Entre Cherea.

SCÈNE X

CHEREA

J'ai appris ton retour. Je fais des vœux pour ta santé.

CALIGULA

Ma santé te remercie. (*Un temps et soudain.*) Va-t'en, Cherea, je ne veux pas te voir.

CHEREA

Je suis surpris, Caïus.

CALIGULA

Ne sois pas surpris. Je n'aime pas les littérateurs et je ne peux supporter leurs mensonges. Ils parlent pour ne pas s'écouter. S'ils s'écoutaient, ils sauraient qu'ils ne sont rien et ne pourraient plus parler. Allez, rompez, j'ai horreur des faux témoins.

CHEREA

Si nous mentons, c'est souvent sans le savoir. Je plaide non coupable.

CALIGULA

Le mensonge n'est jamais innocent. Et le vôtre donne de l'importance aux êtres et aux choses. Voilà ce que je ne puis vous pardonner.

CHEREA

Et pourtant, il faut bien plaider pour ce monde, si nous voulons y vivre.

CALIGULA

Ne plaide pas, la cause est entendue. Ce monde est sans importance et qui le reconnaît conquiert sa liberté. (*Il s'est levé.*) Et justement, je vous hais parce que vous n'êtes pas libres. Dans tout l'Empire romain, me voici seul libre. Réjouissez-vous, il vous est enfin venu un empereur pour vous enseigner la liberté. Va-t'en, Cherea, et toi aussi, Scipion, l'amitié me fait rire. Allez annoncer à Rome que sa liberté lui est enfin rendue et qu'avec elle commence une grande épreuve.

Ils sortent. Caligula s'est détourné.

SCÈNE XI

CÆSONIA

Tu pleures ?

CALIGULA

Oui, Cæsonia.

CÆSONIA

Mais enfin, qu'y a-t-il de changé? S'il est vrai que tu aimais Drusilla, tu l'aimais en même temps que moi et que beaucoup d'autres. Cela ne suffisait pas pour que sa mort te chasse trois jours et trois nuits dans la campagne et te ramène avec ce visage ennemi.

CALIGULA, *il s'est retourné.*

Qui te parle de Drusilla, folle? Et ne peux-tu imaginer qu'un homme pleure pour autre chose que l'amour?

CÆSONIA

Pardon, Caïus. Mais je cherche à comprendre.

CALIGULA

Les hommes pleurent parce que les choses ne sont pas ce qu'elles devraient être. (*Elle va vers lui.*) Laisse, Cæsonia. (*Elle recule.*) Mais reste près de moi.

CÆSONIA

Je ferai ce que tu voudras. (*Elle s'assied.*) À mon âge, on sait que la vie n'est pas bonne. Mais si le mal est sur la terre, pourquoi vouloir y ajouter?

CALIGULA

Tu ne peux pas comprendre. Qu'importe? Je sortirai peut-être de là. Mais je sens monter en moi des êtres sans nom. Que ferais-je contre eux? (*Il se retourne vers elle.*) Oh! Cæsonia, je savais qu'on pouvait être désespéré, mais j'ignorais ce que ce mot voulait dire. Je croyais comme tout le monde que c'était une maladie de l'âme. Mais non, c'est le corps qui souffre. Ma peau me fait mal, ma poitrine, mes membres. J'ai la tête creuse et le cœur soulevé. Et le plus affreux, c'est ce goût dans la bouche. Ni sang, ni mort, ni fièvre, mais tout cela à la fois. Il suffit que je remue la langue pour que tout redevienne noir et que les êtres me répugnent. Qu'il est dur, qu'il est amer de devenir un homme !

CÆSONIA

Il faut dormir, dormir longtemps, se laisser aller et ne plus réfléchir. Je veillerai sur ton sommeil. À ton réveil, le monde pour toi recouvrera son goût. Fais servir alors ton pouvoir à mieux aimer ce qui peut l'être encore. Ce qui est possible mérite aussi d'avoir sa chance.

CALIGULA

Mais il y faut le sommeil, il y faut l'abandon. Cela n'est pas possible.

CÆSONIA

C'est ce qu'on croit au bout de la fatigue. Un temps vient où l'on retrouve une main ferme.

CALIGULA

Mais il faut savoir où la poser. Et que me fait une main ferme, de quoi me sert ce pouvoir si étonnant si je ne puis changer l'ordre des choses, si je ne puis faire que le soleil se couche à l'est, que la souffrance décroisse et que les êtres ne meurent plus ? Non, Cæsonia, il est indifférent de dormir ou de rester éveillé, si je n'ai pas d'action sur l'ordre de ce monde.

CÆSONIA

Mais c'est vouloir s'égaler aux dieux. Je ne connais pas de pire folie.

CALIGULA

Toi aussi, tu me crois fou. Et pourtant, qu'est-ce qu'un dieu pour que je désire m'égaler à lui ? Ce que je désire de toutes mes forces, aujourd'hui, est au-dessus des dieux. Je prends en charge un royaume où l'impossible est roi.

CÆSONIA

Tu ne pourras pas faire que le ciel ne soit pas le ciel, qu'un beau visage devienne laid, un cœur d'homme insensible.

CALIGULA, *avec une exaltation croissante.*

Je veux mêler le ciel à la mer, confondre laideur et beauté, faire jaillir le rire de la souffrance.

CÆSONIA, *dressée devant lui et suppliante.*

Il y a le bon et le mauvais, ce qui est grand et ce qui est bas, le juste et l'injuste. Je te jure que tout cela ne changera pas.

CALIGULA, *de même.*

Ma volonté est de le changer. Je ferai à ce siècle le don de l'égalité. Et lorsque tout sera aplani, l'impossible enfin sur terre, la lune dans mes mains, alors, peut-être, moi-même je serai transformé et le monde avec moi, alors enfin les hommes ne mourront pas et ils seront heureux.

CÆSONIA, *dans un cri.*

Tu ne pourras pas nier l'amour.

CALIGULA,
éclatant et avec une voix pleine de rage

L'amour, Cæsonia! (*Il l'a prise aux épaules et la secoue.*) J'ai appris que ce n'était rien. C'est l'autre qui a raison : le Trésor public! Tu l'as bien entendu, n'est-ce pas? Tout commence avec cela. Ah! c'est maintenant que je vais vivre enfin! Vivre, Cæsonia, vivre, c'est le contraire d'aimer. C'est moi qui te le dis et c'est moi qui t'invite à une fête sans mesure, à un procès général, au plus beau des spectacles. Et il me faut du monde, des spectateurs, des victimes et des coupables.

Il saute sur le gong et commence à frapper, sans arrêt, à coups redoublés.
Toujours frappant

Faites entrer les coupables. Il me faut des coupables. Et ils le sont tous. (*Frappant toujours.*) Je veux qu'on fasse entrer les condamnés à mort. Du public, je veux avoir mon public! Juges, témoins, accusés, tous condamnés d'avance! Ah! Cæsonia, je leur montrerai ce qu'ils n'ont jamais vu, le seul homme libre de cet empire!

Au son du gong, le palais peu à peu s'est rempli de rumeurs qui grossissent et approchent. Des voix, des bruits d'armes, des pas et des piétinements. Caligula rit et frappe toujours. Des gardes entrent, puis sortent.
Frappant.

Et toi, Cæsonia, tu m'obéiras. Tu m'aideras toujours. Ce sera merveilleux. Jure de m'aider, Cæsonia.

CÆSONIA, *égarée, entre deux coups de gong.*

Je n'ai pas besoin de jurer, puisque je t'aime.

CALIGULA, *même jeu.*

Tu feras tout ce que je te dirai.

CÆSONIA, *même jeu.*

Tout, Caligula, mais arrête.

CALIGULA, *toujours frappant.*

Tu seras cruelle.

CÆSONIA, *pleurant.*

Cruelle.

CALIGULA, *même jeu.*

Froide et implacable.

CÆSONIA

Implacable.

CALIGULA, *même jeu.*

Tu souffriras aussi.

CÆSONIA

Oui, Caligula, mais je deviens folle.

> *Des patriciens sont entrés, ahuris, et avec eux les gens du palais. Caligula frappe un dernier coup, lève son maillet, se retourne vers eux et les appelle.*

CALIGULA, *insensé.*

Venez tous. Approchez. Je vous ordonne d'approcher. (*Il trépigne.*) C'est un empereur qui exige que
vous approchiez. (*Tous avancent, pleins d'effroi.*) Venez
vite. Et maintenant, approche Cæsonia.

> *Il la prend par la main, la mène près du miroir et,
> du maillet, efface frénétiquement une image sur la
> surface polie. Il rit.*

Plus rien, tu vois. Plus de souvenirs, tous les visages
enfuis ! Rien, plus rien. Et sais-tu ce qui reste.
Approche encore. Regarde. Approchez. Regardez.

> *Il se campe devant la glace dans une attitude
> démente.*

CÆSONIA, *regardant le miroir, avec effroi.*

Caligula !

> *Caligula change de ton, pose son doigt sur la
> glace et le regard soudain fixe, dit d'une voix
> triomphante :*

CALIGULA

Caligula.

RIDEAU

ACTE II[2]

SCÈNE PREMIÈRE

Des patriciens sont réunis chez Cherea.

PREMIER PATRICIEN

Il insulte notre dignité.

MUCIUS

Depuis trois ans !

LE VIEUX PATRICIEN

Il m'appelle petite femme ! Il me ridiculise. À mort !

MUCIUS

Depuis trois ans !

PREMIER PATRICIEN

Il nous fait courir tous les soirs autour de sa litière quand il va se promener dans la campagne !

DEUXIÈME PATRICIEN

Et il nous dit que la course est bonne pour la santé.

MUCIUS

Depuis trois ans !

LE VIEUX PATRICIEN

Il n'y a pas d'excuse à cela.

TROISIÈME PATRICIEN

Non, on ne peut pardonner cela.

PREMIER PATRICIEN

Patricius, il a confisqué tes biens ; Scipion, il a tué ton père ; Octavius, il a enlevé ta femme et la fait travailler maintenant dans sa maison publique ; Lepidus, il a tué ton fils. Allez-vous supporter cela ? Pour moi, mon choix est fait. Entre le risque à courir et cette vie insupportable dans la peur et l'impuissance, je ne peux pas hésiter.

SCIPION

En tuant mon père, il a choisi pour moi.

PREMIER PATRICIEN

Hésiterez-vous encore ?

TROISIÈME PATRICIEN

Nous sommes avec toi. Il a donné au peuple nos places de cirque et nous a poussés à nous battre avec la plèbe pour mieux nous punir ensuite.

LE VIEUX PATRICIEN

C'est un lâche.

DEUXIÈME PATRICIEN

Un cynique.

TROISIÈME PATRICIEN

Un comédien.

LE VIEUX PATRICIEN

C'est un impuissant.

QUATRIÈME PATRICIEN

Depuis trois ans !

Tumulte désordonné. Les armes sont brandies. Un flambeau tombe. Une table est renversée. Tout le monde se précipite vers la sortie. Mais entre Cherea, impassible, qui arrête cet élan.

SCÈNE II

CHEREA

Où courez-vous ainsi ?

TROISIÈME PATRICIEN

Au palais.

CHEREA

J'ai bien compris. Mais croyez-vous qu'on vous laissera entrer ?

PREMIER PATRICIEN

Il ne s'agit pas de demander la permission.

CHEREA

Vous voilà bien vigoureux tout d'un coup! Puis-je au moins avoir l'autorisation de m'asseoir chez moi?

> *On ferme la porte. Cherea marche vers la table renversée et s'assied sur un des coins, tandis que tous se retournent vers lui.*

CHEREA

Ce n'est pas aussi facile que vous le croyez, mes amis. La peur que vous éprouvez ne peut pas vous tenir lieu de courage et de sang-froid. Tout cela est prématuré.

TROISIÈME PATRICIEN

Si tu n'es pas avec nous, va-t'en, mais tiens ta langue.

CHEREA

Je crois pourtant que je suis avec vous. Mais ce n'est pas pour les mêmes raisons.

TROISIÈME PATRICIEN

Assez de bavardages!

CHEREA, *se redressant.*

Oui, assez de bavardages. Je veux que les choses soient claires. Car si je suis avec vous, je ne suis pas pour vous. C'est pourquoi votre méthode ne me paraît pas bonne. Vous n'avez pas reconnu votre véritable ennemi, vous lui prêtez de petits motifs. Il n'en a que de grands et vous courez à votre perte. Sachez d'abord le voir comme il est, vous pourrez mieux le combattre.

TROISIÈME PATRICIEN

Nous le voyons comme il est, le plus insensé des tyrans !

CHEREA

Ce n'est pas sûr. Les empereurs fous, nous connaissons cela. Mais celui-ci n'est pas assez fou. Et ce que je déteste en lui, c'est qu'il sait ce qu'il veut.

PREMIER PATRICIEN

Il veut notre mort à tous.

CHEREA

Non, car cela est secondaire. Mais il met son pouvoir au service d'une passion plus haute et plus mortelle, il nous menace dans ce que nous avons de plus profond. Sans doute, ce n'est pas la première fois que, chez nous, un homme dispose d'un pouvoir sans limites, mais c'est la première fois qu'il s'en sert sans limites, jusqu'à nier l'homme et le monde. Voilà ce qui m'effraie en lui et que je veux combattre. Perdre la vie est peu de chose et j'aurai ce courage quand il le faudra. Mais voir se dissiper le sens de cette vie, disparaître notre raison d'exister, voilà ce qui est insupportable. On ne peut vivre sans raison.

PREMIER PATRICIEN

La vengeance est une raison.

CHEREA

Oui, et je vais la partager avec vous. Mais comprenez que ce n'est pas pour prendre le parti de vos petites humiliations. C'est pour lutter contre une grande idée dont la victoire signifierait la fin du monde. Je puis admettre que vous soyez tournés en dérision, je ne puis accepter que Caligula fasse ce qu'il rêve de faire et tout ce qu'il rêve de faire. Il transforme sa philosophie en cadavres et, pour notre malheur, c'est une philosophie sans objections. Il faut bien frapper quand on ne peut réfuter.

TROISIÈME PATRICIEN

Alors, il faut agir.

CHEREA

Il faut agir. Mais vous ne détruirez pas cette puissance injuste en l'abordant de front, alors qu'elle est en pleine vigueur. On peut combattre la tyrannie, il faut ruser avec la méchanceté désintéressée. Il faut la pousser dans son sens, attendre que cette logique soit devenue démence. Mais encore une fois, et je n'ai parlé ici que par honnêteté, comprenez que je ne suis avec vous que pour un temps. Je ne servirai ensuite aucun de vos intérêts, désireux seulement de retrouver la paix dans un monde à nouveau cohérent. Ce n'est pas l'ambition qui me fait agir, mais une peur raisonnable, la peur de ce lyrisme inhumain auprès de quoi ma vie n'est rien.

PREMIER PATRICIEN, *s'avançant.*

Je crois que j'ai compris, ou à peu près. Mais l'essentiel est que tu juges comme nous que les bases de notre société sont ébranlées. Pour nous, n'est-ce pas, vous autres, la question est avant tout morale. La famille tremble, le respect du travail se perd, la patrie tout entière est livrée au blasphème. La vertu nous appelle à son secours, allons-nous refuser de l'entendre ? Conjurés, accepterez-vous enfin que les patriciens soient contraints chaque soir de courir autour de la litière de César ?

LE VIEUX PATRICIEN

Permettrez-vous qu'on les appelle « ma chérie » ?

TROISIÈME PATRICIEN

Qu'on leur enlève leur femme ?

DEUXIÈME PATRICIEN

Et leurs enfants ?

MUCIUS

Et leur argent ?

CINQUIÈME PATRICIEN

Non !

PREMIER PATRICIEN

Cherea, tu as bien parlé. Tu as bien fait aussi de nous calmer. Il est trop tôt pour agir : le peuple, aujourd'hui encore, serait contre nous. Veux-tu guetter avec nous le moment de conclure ?

CHEREA

Oui, laissons continuer Caligula. Poussons-le dans cette voie, au contraire. Organisons sa folie. Un jour viendra où il sera seul devant un empire plein de morts et de parents de morts.

Clameur générale. Trompettes au-dehors. Silence. Puis, de bouche en bouche un nom : Caligula.

SCÈNE III

Entrent Caligula et Cæsonia, suivis d'Hélicon et
de soldats. Scène muette. Caligula s'arrête et regarde
les conjurés. Il va de l'un à l'autre en silence,
arrange une boucle à l'un, recule pour contempler un
second, les regarde encore, passe la main sur ses yeux
et sort, sans dire un mot.

SCÈNE IV

CÆSONIA, *ironique, montrant le désordre.*

Vous vous battiez?

CHEREA

Nous nous battions.

CÆSONIA, *même jeu.*

Et pourquoi vous battiez-vous?

CHEREA

Nous nous battions pour rien.

CÆSONIA

Alors, ce n'est pas vrai.

CHEREA

Qu'est-ce qui n'est pas vrai?

CÆSONIA

Vous ne vous battiez pas.

CHEREA

Alors, nous ne nous battions pas.

CÆSONIA, *souriante.*

Peut-être vaudrait-il mieux mettre la pièce en ordre. Caligula a horreur du désordre.

HÉLICON, *au vieux patricien.*

Vous finirez par le faire sortir de son caractère, cet homme !

LE VIEUX PATRICIEN

Mais enfin, que lui avons-nous fait ?

HÉLICON

Rien, justement. C'est inouï d'être insignifiant à ce point. Cela finit par devenir insupportable. Mettez-vous à la place de Caligula. (*Un temps.*) Naturellement, vous complotiez bien un peu, n'est-ce pas ?

LE VIEUX PATRICIEN

Mais c'est faux, voyons. Que croit-il donc ?

HÉLICON

Il ne croit pas, il le sait. Mais je suppose qu'au fond, il le désire un peu. Allons, aidons à réparer le désordre.

On s'affaire. Caligula entre et observe.

SCÈNE V

CALIGULA, *au vieux patricien.*

Bonjour, ma chérie. (*Aux autres.*) Cherea, j'ai décidé de me restaurer chez toi. Mucius, je me suis permis d'inviter ta femme.

L'intendant frappe dans ses mains. Un esclave entre, mais Caligula l'arrête.

Un instant! Messieurs, vous savez que les finances de l'État ne tenaient debout que parce qu'elles en avaient pris l'habitude. Depuis hier, l'habitude elle-même n'y suffit plus. Je suis donc dans la désolante nécessité de procéder à des compressions de personnel. Dans un esprit de sacrifice que vous apprécierez, j'en suis sûr, j'ai décidé de réduire mon train de maison, de libérer quelques esclaves, et de vous affecter à mon service. Vous voudrez bien préparer la table et la servir.

Les sénateurs se regardent et hésitent.

HÉLICON

Allons, messieurs, un peu de bonne volonté. Vous verrez, d'ailleurs, qu'il est plus facile de descendre l'échelle sociale que de la remonter.

Les sénateurs se déplacent avec hésitation.

CALIGULA, *à Cæsonia.*

Quel est le châtiment réservé aux esclaves paresseux?

CÆSONIA

Le fouet, je crois.

Les sénateurs se précipitent et commencent d'installer la table maladroitement.

CALIGULA

Allons, un peu d'application! De la méthode, surtout, de la méthode! (*À Hélicon.*) Ils ont perdu la main, il me semble?

HÉLICON

À vrai dire, ils ne l'ont jamais eue, sinon pour frapper ou commander. Il faudra patienter, voilà tout. Il faut un jour pour faire un sénateur et dix ans pour faire un travailleur.

CALIGULA

Mais j'ai bien peur qu'il en faille vingt pour faire un travailleur d'un sénateur.

HÉLICON

Tout de même, ils y arrivent. À mon avis, ils ont la vocation! La servitude leur conviendra. (*Un sénateur s'éponge.*) Regarde, ils commencent même à transpirer. C'est une étape.

CALIGULA

Bon. N'en demandons pas trop. Ce n'est pas si mal. Et puis, un instant de justice, c'est toujours bon à prendre. À propos de justice, il faut nous dépêcher : une exécution m'attend. Ah! Rufius a de la chance que je sois si prompt à avoir faim. (*Confidentiel.*)

Rufius, c'est le chevalier qui doit mourir. (*Un temps.*)
Vous ne me demandez pas pourquoi il doit mourir?

> *Silence général. Pendant ce temps, des esclaves ont
> apporté des vivres.*
> *De bonne humeur.*

Allons, je vois que vous devenez intelligents. (*Il
grignote une olive.*) Vous avez fini par comprendre qu'il
n'est pas nécessaire d'avoir fait quelque chose pour
mourir. Soldats, je suis content de vous. N'est-ce pas,
Hélicon?

> *Il s'arrête de grignoter ̗ regarde les convives d'un
> air farceur.*

HÉLICON

Sûr! Quelle armée! Mais si tu veux mon avis, ils
sont maintenant trop intelligents, et ils ne voudront
plus se battre. S'ils progressent encore, l'empire
s'écroule!

CALIGULA

Parfait. Nous nous reposerons. Voyons, plaçons-
nous au hasard. Pas de protocole. Tout de même, ce
Rufius a de la chance. Et je suis sûr qu'il n'apprécie
pas ce petit répit. Pourtant, quelques heures gagnées
sur la mort, c'est inestimable.

> *Il mange, les autres aussi. Il devient évident que
> Caligula se tient mal à table. Rien ne le force à jeter
> ses noyaux d'olives dans l'assiette de ses voisins
> immédiats, à cracher ses déchets de viande sur le
> plat, comme à se curer les dents avec les ongles et à se
> gratter la tête frénétiquement. C'est pourtant autant*

d'exploits que, pendant le repas, il exécutera avec
simplicité. Mais il s'arrête brusquement de manger
et fixe l'un des convives, Lepidus, avec insistance.
Brutalement.

Tu as l'air de mauvaise humeur. Serait-ce parce
que j'ai fait mourir ton fils?

LEPIDUS, *la gorge serrée.*

Mais non, Caïus, au contraire.

CALIGULA, *épanoui.*

Au contraire! Ah! que j'aime que le visage démente
les soucis du cœur. Ton visage est triste. Mais ton
cœur? Au contraire, n'est-ce pas, Lepidus?

LEPIDUS, *résolument.*

Au contraire, César.

CALIGULA, *de plus en plus heureux.*

Ah! Lepidus, personne ne m'est plus cher que toi.
Rions ensemble, veux-tu? Et dis-moi quelque bonne
histoire.

LEPIDUS, *qui a présumé de ses forces.*

Caïus!

CALIGULA

Bon, bon. Je raconterai, alors. Mais tu riras, n'est-
ce pas, Lepidus? (*L'œil mauvais.*) Ne serait-ce que pour
ton second fils. (*De nouveau rieur.*) D'ailleurs, tu n'es
pas de mauvaise humeur. (*Il boit, puis dictant.*) Au...,
au... Allons, Lepidus.

LEPIDUS, *avec lassitude.*

Au contraire, Caïus.

CALIGULA

À la bonne heure! (*Il boit.*) Écoute, maintenant.
(*Rêveur.*) Il était une fois un pauvre empereur que
personne n'aimait. Lui, qui aimait Lepidus, fit tuer
son plus jeune fils pour s'enlever cet amour du cœur.
(*Changeant de ton.*) Naturellement, ce n'est pas vrai.
Drôle, n'est-ce pas? Tu ne ris pas. Personne ne rit?
Écoutez alors. (*Avec une violente colère.*) Je veux que tout
le monde rie. Toi, Lepidus, et tous les autres. Levez-
vous, riez. (*Il frappe sur la table.*) Je veux, vous
entendez, je veux vous voir rire.

> *Tout le monde se lève. Pendant toute cette scène,
> les acteurs, sauf Caligula et Cæsonia, pourront jouer
> comme des marionnettes.*
> *Se renversant sur son lit, épanoui, pris d'un rire
> irrésistible.*

Non, mais regarde-les, Cæsonia. Rien ne va plus.
Honnêteté, respectabilité, qu'en dira-t-on, sagesse des
nations, rien ne veut plus rien dire. Tout disparaît
devant la peur. La peur, hein, Cæsonia, ce beau
sentiment, sans alliage, pur et désintéressé, un des
rares qui tire sa noblesse du ventre. (*Il passe la main sur
son front et boit. Sur un ton amical.*) Parlons d'autre chose,
maintenant. Voyons, Cherea, tu es bien silencieux.

CHEREA

Je suis prêt à parler, Caïus. Dès que tu le permet-
tras.

CALIGULA

Parfait. Alors, tais-toi. J'aimerais bien entendre notre ami Mucius.

MUCIUS, *à contrecœur*.

À tes ordres, Caïus.

CALIGULA

Eh bien, parle-nous de ta femme. Et commence par l'envoyer à ma gauche.

La femme de Mucius vient près de Caligula.

Eh bien ! Mucius, nous t'attendons.

MUCIUS, *un peu perdu*.

Ma femme, mais je l'aime.

Rire général.

CALIGULA

Bien sûr, mon ami, bien sûr. Mais comme c'est commun !

Il a déjà la femme près de lui et lèche distraitement son épaule gauche.
De plus en plus à l'aise.

Au fait, quand je suis entré, vous complotiez, n'est-ce pas ? On y allait de sa petite conspiration, hein ?

LE VIEUX PATRICIEN

Caïus, comment peux-tu ?...

CALIGULA

Aucune importance, ma jolie. Il faut bien que vieillesse se passe. Aucune importance, vraiment.

Vous êtes incapables d'un acte courageux. Il me vient seulement à l'esprit que j'ai quelques questions d'État à régler. Mais, auparavant, sachons faire leur part aux désirs impétueux que nous crée la nature.

Il se lève et entraîne la femme de Mucius dans une pièce voisine.

SCÈNE VI

Mucius fait mine de se lever.

CÆSONIA, *aimablement.*

Oh! Mucius, je reprendrais bien de cet excellent vin.

Mucius, dompté, la sert en silence. Moment de gêne. Les sièges craquent. Le dialogue qui suit est un peu compassé.

CÆSONIA

Eh bien! Cherea. Si tu me disais maintenant pourquoi vous vous battiez tout à l'heure?

CHEREA, *froidement.*

Tout est venu, chère Cæsonia, de ce que nous discutions sur le point de savoir si la poésie doit être meurtrière ou non.

CÆSONIA

C'est fort intéressant. Cependant, cela dépasse mon entendement de femme. Mais j'admire que votre passion pour l'art vous conduise à échanger des coups.

CHEREA, *même jeu.*

Certes. Mais Caligula me disait qu'il n'est pas de passion profonde sans quelque cruauté.

HÉLICON

Ni d'amour sans un brin de viol.

CÆSONIA, *mangeant.*

Il y a du vrai dans cette opinion. N'est-ce pas, vous autres ?

LE VIEUX PATRICIEN

Caligula est un vigoureux psychologue.

PREMIER PATRICIEN

Il nous a parlé avec éloquence du courage.

DEUXIÈME PATRICIEN

Il devrait résumer toutes ses idées. Cela serait inestimable.

CHEREA

Sans compter que cela l'occuperait. Car il est visible qu'il a besoin de distractions.

CÆSONIA, *toujours mangeant.*

Vous serez ravis de savoir qu'il y a pensé et qu'il écrit en ce moment un grand traité.

SCÈNE VII

Entrent Caligula et la femme de Mucius.

CALIGULA

Mucius, je te rends ta femme. Elle te rejoindra.
Mais pardonnez-moi, quelques instructions à donner.

Il sort rapidement. Mucius, pâle, s'est levé.

SCÈNE VIII

CÆSONIA, *à Mucius, resté debout.*

Ce grand traité égalera les plus célèbres, Mucius,
nous n'en doutons pas.

MUCIUS, *regardant toujours la porte*
par laquelle Caligula a disparu.

Et de quoi parle-t-il, Cæsonia?

CÆSONIA, *indifférente.*

Oh! cela me dépasse.

CHEREA

Il faut donc comprendre que cela traite du pouvoir
meurtrier de la poésie.

CÆSONIA

Tout juste, je crois.

LE VIEUX PATRICIEN, *avec enjouement.*

Eh bien! cela l'occupera, comme disait Cherea

CÆSONIA

Oui, ma jolie. Mais ce qui vous gênera, sans doute, c'est le titre de cet ouvrage.

CHEREA

Quel est-il?

CAESONIA

« Le Glaive. »

SCÈNE IX

Entre rapidement Caligula.

CALIGULA

Pardonnez-moi, mais les affaires de l'État, elles aussi, sont pressantes. Intendant, tu feras fermer les greniers publics. Je viens de signer le décret. Tu le trouveras dans la chambre.

L'INTENDANT

Mais...

CALIGULA

Demain, il y aura famine.

L'INTENDANT

Mais le peuple va gronder.

CALIGULA, *avec force et précision.*

Je dis qu'il y aura famine demain. Tout le monde connaît la famine, c'est un fléau. Demain, il y aura fléau... et j'arrêterai le fléau quand il me plaira. (*Il explique aux autres.*) Après tout, je n'ai pas tellement de façons de prouver que je suis libre. On est toujours libre aux dépens de quelqu'un. C'est ennuyeux, mais c'est normal. (*Avec un coup d'œil vers Mucius.*) Appliquez cette pensée à la jalousie et vous verrez. (*Songeur.*) Tout de même, comme c'est laid d'être jaloux! Souffrir par vanité et par imagination! Voir sa femme...

> *Mucius serre les poings et ouvre la bouche. Très vite.*

Mangeons, messieurs. Savez-vous que nous travaillons ferme avec Hélicon? Nous mettons au point un petit traité de l'exécution dont vous nous donnerez des nouvelles.

HÉLICON

À supposer qu'on vous demande votre avis.

CALIGULA

Soyons généreux, Hélicon! Découvrons-leur nos petits secrets. Allez, section III, paragraphe premier.

HÉLICON, *se lève et récite mécaniquement.*

« L'exécution soulage et délivre. Elle est universelle, fortifiante et juste dans ses applications comme dans ses intentions. On meurt parce qu'on est coupable. On est coupable parce qu'on est sujet de Caligula. Or, tout le monde est sujet de Caligula. Donc, tout le

monde est coupable. D'où il ressort que tout le monde
meurt. C'est une question de temps et de patience. »

CALIGULA, *riant.*

Qu'en pensez-vous ? La patience, hein, voilà une
trouvaille ! Voulez-vous que je vous dise : c'est ce que
j'admire le plus en vous.

Maintenant, messieurs, vous pouvez disposer. Cherea n'a plus besoin de vous. Cependant, que Cæsonia
reste ! Et Lepidus et Octavius ! Mereia aussi. Je
voudrais discuter avec vous de l'organisation de ma
maison publique. Elle me donne de gros soucis.

> *Les autres sortent lentement. Caligula suit
> Mucius des yeux.*

SCÈNE X

CHEREA

À tes ordres, Caïus. Qu'est-ce qui ne va pas ? Le
personnel est-il mauvais ?

CALIGULA

Non, mais les recettes ne sont pas bonnes.

MEREIA

Il faut augmenter les tarifs.

CALIGULA

Mereia, tu viens de perdre une occasion de te taire.
Étant donné ton âge, ces questions ne t'intéressent pas
et je ne te demande pas ton avis.

MEREIA

Alors, pourquoi m'as-tu fait rester ?

CALIGULA

Parce que, tout à l'heure, j'aurai besoin d'un avis
sans passion.

Mereia s'écarte.

CHEREA

Si je puis, Caïus, en parler avec passion, je dirai
qu'il ne faut pas toucher aux tarifs.

CALIGULA

Naturellement, voyons. Mais il faut nous rattraper
sur le chiffre d'affaires. Et j'ai déjà expliqué mon plan
à Cæsonia qui va vous l'exposer. Moi, j'ai trop bu de
vin et je commence à avoir sommeil.

Il s'étend et ferme les yeux.

CÆSONIA

C'est fort simple. Caligula crée une nouvelle décoration.

CHEREA

Je ne vois pas le rapport.

CÆSONIA

Il y est, pourtant. Cette distinction constituera
l'ordre du Héros civique. Elle récompensera ceux des
citoyens qui auront le plus fréquenté la maison
publique de Caligula.

CHEREA

C'est lumineux.

CÆSONIA

Je le crois. J'oubliais de dire que la récompense est décernée chaque mois, après vérification des bons d'entrée ; le citoyen qui n'a pas obtenu de décoration au bout de douze mois est exilé ou exécuté.

TROISIÈME PATRICIEN

Pourquoi « ou exécuté » ?

CÆSONIA

Parce que Caligula dit que cela n'a aucune importance. L'essentiel est qu'il puisse choisir.

CHEREA

Bravo. Le Trésor public est aujourd'hui renfloué.

HÉLICON

Et toujours de façon très morale, remarquez-le bien. Il vaut mieux, après tout, taxer le vice que rançonner la vertu comme on le fait dans les sociétés républicaines.

> *Caligula ouvre les yeux à demi et regarde le vieux Mereia qui, à l'écart, sort un petit flacon et en boit une gorgée.*

CALIGULA, *toujours couché.*

Que bois-tu, Mereia ?

MEREIA

C'est pour mon asthme, Caïus.

CALIGULA, *allant vers lui en écartant les autres
et lui flairant la bouche.*

Non, c'est un contrepoison.

MEREIA

Mais non, Caïus. Tu veux rire. J'étouffe dans la
nuit et je me soigne depuis fort longtemps déjà.

CALIGULA

Ainsi, tu as peur d'être empoisonné ?

MEREIA

Mon asthme...

CALIGULA

Non. Appelons les choses par leur nom : tu crains
que je ne t'empoisonne. Tu me soupçonnes. Tu
m'épies.

MEREIA

Mais non, par tous les dieux !

CALIGULA

Tu me suspectes. En quelque sorte, tu te défies de
moi.

MEREIA

Caïus !

CALIGULA, *rudement.*

Réponds-moi. (*Mathématique.*) Si tu prends un
contrepoison, tu me prêtes par conséquent l'intention
de t'empoisonner.

MEREIA

Oui..., je veux dire... non.

CALIGULA

Et dès l'instant où tu crois que j'ai pris la décision
de t'empoisonner, tu fais ce qu'il faut pour t'opposer à
cette volonté.

> *Silence. Dès le début de la scène, Cæsonia et*
> *Cherea ont gagné le fond. Seul, Lepidus suit le*
> *dialogue d'un air angoissé.*
> *De plus en plus précis.*

Cela fait deux crimes, et une alternative dont tu ne
sortiras pas : ou bien je ne voulais pas te faire mourir
et tu me suspectes injustement, moi, ton empereur.
Ou bien je le voulais, et toi, insecte, tu t'opposes à mes
projets. (*Un temps. Caligula contemple le vieillard avec*
satisfaction.) Hein, Mereia, que dis-tu de cette logique ?

MEREIA

Elle est..., elle est rigoureuse, Caïus. Mais elle ne
s'applique pas au cas.

CALIGULA

Et, troisième crime, tu me prends pour un imbécile.
Écoute-moi bien. De ces trois crimes, un seul est
honorable pour toi, le second — parce que dès
l'instant où tu me prêtes une décision et la contrecar-
res, cela implique une révolte chez toi. Tu es un
meneur d'hommes, un révolutionnaire. Cela est bien.
(*Tristement.*) Je t'aime beaucoup, Mereia. C'est pourquoi tu seras condamné pour ton second crime et non

pour les autres. Tu vas mourir virilement, pour t'être
révolté.

> *Pendant tout ce discours, Mereia se rapetisse peu
> à peu sur son siège.*

Ne me remercie pas. C'est tout naturel. Tiens. (*Il
lui tend une fiole et aimablement.*) Bois ce poison.

> *Mereia, secoué de sanglots, refuse de la tête.
> S'impatientant.*

Allons, allons.

> *Mereia tente alors de s'enfuir. Mais Caligula,
> d'un bond sauvage, l'atteint au milieu de la scène, le
> jette sur un siège bas et, après une lutte de quelques
> instants, lui enfonce la fiole entre les dents et la brise
> à coups de poing. Après quelques soubresauts, le
> visage plein d'eau et de sang, Mereia meurt.*
> *Caligula se relève et s'essuie machinalement les
> mains.*
> *À Cæsonia, lui donnant un fragment de la fiole de
> Mereia.*

Qu'est-ce que c'est? Un contrepoison?

> CÆSONIA, *avec calme.*

Non, Caligula. C'est un remède contre l'asthme.

> CALIGULA, *regardant Mereia,*
> *après un silence.*

Cela ne fait rien. Cela revient au même. Un peu
plus tôt, un peu plus tard...

> *Il sort brusquement, d'un air affairé, en s'es-
> suyant toujours les mains.*

SCÈNE XI

LEPIDUS, *atterré.*

Que faut-il faire ?

CÆSONIA, *avec simplicité.*

D'abord, retirer le corps, je crois. Il est trop laid !

> *Cherea et Lepidus prennent le corps et le tirent en coulisse.*

LEPIDUS, *à Cherea.*

Il faudra faire vite.

CHEREA

Il faut être deux cents.

> *Entre le jeune Scipion. Apercevant Cæsonia, il a un geste pour repartir.*

SCÈNE XII

CÆSONIA

Viens ici.

LE JEUNE SCIPION

Que veux-tu ?

CÆSONIA

Approche.

> *Elle lui relève le menton et le regarde dans les*
> *yeux. Un temps.*
> *Froidement.*

Il a tué ton père?

LE JEUNE SCIPION

Oui.

CÆSONIA

Tu le hais?

LE JEUNE SCIPION

Oui.

CÆSONIA

Tu veux le tuer?

LE JEUNE SCIPION

Oui.

CÆSONIA, *le lâchant.*

Alors, pourquoi me le dis-tu?

LE JEUNE SCIPION

Parce que je ne crains personne. Le tuer ou être tué,
c'est deux façons d'en finir. D'ailleurs, tu ne me
trahiras pas.

CÆSONIA

Tu as raison, je ne te trahirai pas. Mais je veux te dire quelque chose — ou plutôt, je voudrais parler à ce qu'il y a de meilleur en toi.

LE JEUNE SCIPION

Ce que j'ai de meilleur en moi, c'est ma haine.

CÆSONIA

Écoute-moi seulement. C'est une parole à la fois difficile et évidente que je veux te dire. Mais c'est une parole qui, si elle était vraiment écoutée, accomplirait la seule révolution définitive de ce monde.

LE JEUNE SCIPION

Alors, dis-la.

CÆSONIA

Pas encore. Pense d'abord au visage révulsé de ton père à qui on arrachait la langue. Pense à cette bouche pleine de sang et à ce cri de bête torturée.

LE JEUNE SCIPION

Oui.

CÆSONIA

Pense maintenant à Caligula.

LE JEUNE SCIPION,
avec tout l'accent de la haine.

Oui.

CÆSONIA

Écoute maintenant : essaie de le comprendre.

*Elle sort, laissant le jeune Scipion désemparé.
Entre Hélicon.*

SCÈNE XIII

HÉLICON

Caligula revient : si vous alliez manger, poète ?

LE JEUNE SCIPION

Hélicon ! Aide-moi.

HÉLICON

C'est dangereux, ma colombe. Et je n'entends rien
à la poésie.

LE JEUNE SCIPION

Tu pourrais m'aider. Tu sais beaucoup de choses.

HÉLICON

Je sais que les jours passent et qu'il faut se hâter de
manger. Je sais aussi que tu pourrais tuer Caligula...
et qu'il ne le verrait pas d'un mauvais œil.

Entre Caligula. Sort Hélicon.

SCÈNE XIV

CALIGULA

Ah! c'est toi.

> *Il s'arrête, un peu comme s'il cherchait une contenance.*

Il y a longtemps que je ne t'ai vu. (*Avançant lentement vers lui.*) Qu'est-ce que tu fais? Tu écris toujours? Est-ce que tu peux me montrer tes dernières pièces?

LE JEUNE SCIPION,
*mal à l'aise, lui aussi, partagé entre sa haine
et il ne sait pas quoi.*

J'ai écrit des poèmes, César.

CALIGULA

Sur quoi?

LE JEUNE SCIPION

Je ne sais pas, César. Sur la nature, je crois.

CALIGULA, *plus à l'aise.*

Beau sujet. Et vaste. Qu'est-ce qu'elle t'a fait, la nature?

LE JEUNE SCIPION, *se reprenant,
d'un air ironique et mauvais.*

Elle me console de n'être pas César.

CALIGULA

Ah! et crois-tu qu'elle pourrait me consoler de l'être?

LE JEUNE SCIPION, *même jeu.*

Ma foi, elle a guéri des blessures plus graves.

CALIGULA, *étrangement simple.*

Blessure? Tu dis cela avec méchanceté. Est-ce parce que j'ai tué ton père? Si tu savais pourtant comme le mot est juste. Blessure! (*Changeant de ton.*) Il n'y a que la haine pour rendre les gens intelligents.

LE JEUNE SCIPION, *raidi.*

J'ai répondu à ta question sur la nature.

> *Caligula s'assied, regarde Scipion, puis lui prend brusquement les mains et l'attire de force à ses pieds. Il lui prend le visage dans ses mains.*

CALIGULA

Récite-moi ton poème.

LE JEUNE SCIPION

Je t'en prie, César, non.

CALIGULA

Pourquoi?

LE JEUNE SCIPION

Je ne l'ai pas sur moi.

CALIGULA

Ne t'en souviens-tu pas?

LE JEUNE SCIPION

Non.

CALIGULA

Dis-moi du moins ce qu'il contient.

LE JEUNE SCIPION, *toujours raidi*
et comme à regret.

J'y parlais...

CALIGULA

Eh bien?

LE JEUNE SCIPION

Non, je ne sais pas...

CALIGULA

Essaie...

LE JEUNE SCIPION

J'y parlais d'un certain accord de la terre...

CALIGULA,
l'interrompant, d'un ton absorbé.

... de la terre et du pied.

LE JEUNE SCIPION, *surpris,*
hésite et continue.

Oui, c'est à peu près cela...

CALIGULA

Continue.

LE JEUNE SCIPION

... et aussi de la ligne des collines romaines et de cet apaisement fugitif et bouleversant qu'y ramène le soir...

CALIGULA

... Du cri des martinets dans le ciel vert.

LE JEUNE SCIPION,
s'abandonnant un peu plus.

Oui, encore.

CALIGULA

Eh bien ?

LE JEUNE SCIPION

Et de cette minute subtile où le ciel encore plein d'or brusquement bascule et nous montre en un instant son autre face, gorgée d'étoiles luisantes.

CALIGULA

De cette odeur de fumée, d'arbres et d'eaux qui monte alors de la terre vers la nuit.

LE JEUNE SCIPION, *tout entier.*

... Le cri des cigales et la retombée des chaleurs, les chiens, les roulements des derniers chars, les voix des fermiers...

CALIGULA

... Et les chemins noyés d'ombre dans les lentisques et les oliviers...

LE JEUNE SCIPION

Oui, oui. C'est tout cela! Mais comment l'as-tu appris?

CALIGULA,
pressant le jeune Scipion contre lui.

Je ne sais pas. Peut-être parce que nous aimons les mêmes vérités.

LE JEUNE SCIPION, *frémissant, cache sa tête
contre la poitrine de Caligula.*

Oh! qu'importe, puisque tout prend en moi le visage de l'amour!

CALIGULA, *toujours caressant.*

C'est la vertu des grands cœurs, Scipion. Si, du moins, je pouvais connaître ta transparence! Mais je sais trop la force de ma passion pour la vie, elle ne se satisfera pas de la nature. Tu ne peux pas comprendre cela. Tu es d'un autre monde. Tu es pur dans le bien, comme je suis pur dans le mal.

LE JEUNE SCIPION

Je peux comprendre.

CALIGULA

Non. Ce quelque chose en moi, ce lac de silence, ces herbes pourries. (*Changeant brusquement de ton.*) Ton poème doit être beau. Mais si tu veux mon avis...

LE JEUNE SCIPION, *même jeu.*

Oui.

CALIGULA

Tout cela manque de sang.

> *Scipion se rejette brusquement en arrière et regarde*
> *Caligula avec horreur. Toujours reculant, il parle*
> *d'une voix sourde, devant Caligula qu'il regarde*
> *avec intensité.*

LE JEUNE SCIPION

Oh! le monstre, l'infect monstre. Tu as encore joué.
Tu viens de jouer, hein? Et tu es content de toi?

CALIGULA, *avec un peu de tristesse.*

Il y a du vrai dans ce que tu dis. J'ai joué.

LE JEUNE SCIPION, *même jeu.*

Quel cœur ignoble et ensanglanté tu dois avoir.
Oh! comme tant de mal et de haine doivent te
torturer!

CALIGULA, *doucement.*

Tais-toi, maintenant.

LE JEUNE SCIPION

Comme je te plains et comme je te hais!

CALIGULA, *avec colère.*

Tais-toi.

LE JEUNE SCIPION

Et quelle immonde solitude doit être la tienne!

CALIGULA, *éclatant, se jette sur lui*
et le prend au collet ; il le secoue.

La solitude ! Tu la connais, toi, la solitude ? Celle
des poètes et des impuissants. La solitude ? Mais
laquelle ? Ah ! tu ne sais pas que seul, on ne l'est
jamais ! Et que partout le même poids d'avenir et de
passé nous accompagne ! Les êtres qu'on a tués sont
avec nous. Et pour ceux-là, ce serait encore facile.
Mais ceux qu'on a aimés, ceux qu'on n'a pas aimés et
qui vous ont aimé, les regrets, le désir, l'amertume et
la douceur, les putains et la clique des dieux. (*Il le
lâche et recule vers sa place.*) Seul ! Ah ! si du moins, au
lieu de cette solitude empoisonnée de présences qui est
la mienne, je pouvais goûter la vraie, le silence et le
tremblement d'un arbre ! (*Assis, avec une soudaine lassitude.*) La solitude ! Mais non, Scipion. Elle est peuplée
de grincements de dents et tout entière retentissante
de bruits et de clameurs perdues. Et près des femmes
que je caresse, quand la nuit se referme sur nous et
que je crois, éloigné de ma chair enfin contentée, saisir
un peu de moi entre la vie et la mort, ma solitude
entière s'emplit de l'aigre odeur du plaisir aux aissel-
les de la femme qui sombre encore à mes côtés.

> *Il a l'air exténué. Long silence.*
>
> *Le jeune Scipion passe derrière Caligula et
> s'approche, hésitant. Il tend une main vers Caligula
> et la pose sur son épaule. Caligula, sans se retourner,
> la couvre d'une des siennes.*

LE JEUNE SCIPION

Tous les hommes ont une douceur dans la vie. Cela
les aide à continuer. C'est vers elle qu'ils se retournent
quand ils se sentent trop usés.

CALIGULA

C'est vrai, Scipion.

LE JEUNE SCIPION

N'y a-t-il donc rien dans la tienne qui soit semblable, l'approche des larmes, un refuge silencieux?

CALIGULA

Si, pourtant.

LE JEUNE SCIPION

Et quoi donc?

CALIGULA, *lentement.*

Le mépris.

RIDEAU

ACTE III[3]

SCÈNE PREMIÈRE

Avant le lever du rideau, bruit de cymbales et de caisse. Le rideau s'ouvre sur une sorte de parade foraine. Au centre, une tenture devant laquelle, sur une petite estrade, se trouvent Hélicon et Cæsonia. Les cymbalistes de chaque côté. Assis sur des sièges, tournant le dos aux spectateurs, quelques patriciens et le jeune Scipion.

HÉLICON, *récitant sur le ton de la parade.*

Approchez! Approchez! (*Cymbales.*) Une fois de plus, les dieux sont descendus sur terre. Caïus, César et dieu, surnommé Caligula, leur a prêté sa forme tout humaine. Approchez, grossiers mortels, le miracle sacré s'opère devant nos yeux. Par une faveur particulière au règne béni de Caligula, les secrets divins sont offerts à tous les yeux.

Cymbales.

CÆSONIA

Approchez, Messieurs! Adorez et donnez votre obole. Le mystère céleste est mis aujourd'hui à la portée de toutes les bourses.

Cymbales.

HÉLICON

L'Olympe et ses coulisses, ses intrigues, ses pantoufles et ses larmes. Approchez! Approchez! Toute la vérité sur vos dieux!

Cymbales.

CÆSONIA

Adorez et donnez votre obole. Approchez, Messieurs. La représentation va commencer.

Cymbales. Mouvements d'esclaves qui apportent divers objets sur l'estrade.

HÉLICON

Une reconstitution impressionnante de vérité, une réalisation sans précédent. Les décors majestueux de la puissance divine ramenés sur terre, une attraction sensationnelle et démesurée, la foudre (*les esclaves allument des feux grégeois*), le tonnerre (*on roule un tonneau plein de cailloux*), le destin lui-même dans sa marche triomphale. Approchez et contemplez!

Il tire la tenture et Caligula costumé en Vénus grotesque apparaît sur un piédestal.

CALIGULA, *aimable.*

Aujourd'hui, je suis Vénus.

CÆSONIA

L'adoration commence. Prosternez-vous (*tous, sauf Scipion, se prosternent*) et répétez après moi la prière sacrée à Caligula-Vénus :
« Déesse des douleurs et de la danse... »

LES PATRICIENS

« Déesse des douleurs et de la danse... »

CÆSONIA

« Née des vagues, toute visqueuse et amère dans le sel et l'écume... »

LES PATRICIENS

« Née des vagues, toute visqueuse et amère dans le sel et l'écume... »

CÆSONIA

« Toi qui es comme un rire et un regret... »

LES PATRICIENS

« Toi qui es comme un rire et un regret... »

CÆSONIA

« ... une rancœur et un élan... »

LES PATRICIENS

« ... une rancœur et un élan... »

CÆSONIA

« Enseigne-nous l'indifférence qui fait renaître les amours... »

LES PATRICIENS

« Enseigne-nous l'indifférence qui fait renaître les amours... »

CÆSONIA

« Instruis-nous de la vérité de ce monde qui est de n'en point avoir... »

LES PATRICIENS

« Instruis-nous de la vérité de ce monde qui est de n'en point avoir... »

CÆSONIA

« Et accorde-nous la force de vivre à la hauteur de cette vérité sans égale... »

LES PATRICIENS

« Et accorde-nous la force de vivre à la hauteur de cette vérité sans égale... »

CÆSONIA

Pause !

LES PATRICIENS

Pause !

CÆSONIA, *reprenant.*

« Comble-nous de tes dons, répands sur nos visages ton impartiale cruauté ta haine tout objective ; ouvre au-dessus de nos yeux tes mains pleines de fleurs et de meurtres. »

LES PATRICIENS

« ... tes mains pleines de fleurs et de meurtres. »

CÆSONIA

« Accueille tes enfants égarés. Reçois-les dans l'asile dénudé de ton amour indifférent et douloureux. Donne-nous tes passions sans objet, tes douleurs privées de raison et tes joies sans avenir... »

LES PATRICIENS

« ... et tes joies sans avenir... »

CÆSONIA, *très haut.*

« Toi, si vide et si brûlante, inhumaine, mais si terrestre, enivre-nous du vin de ton équivalence et rassasie-nous pour toujours dans ton cœur noir et salé. »

LES PATRICIENS

« Enivre-nous du vin de ton équivalence et rassasie-nous pour toujours dans ton cœur noir et salé. »

> *Quand la dernière phrase a été prononcée par les patriciens, Caligula, jusque-là immobile, s'ébroue et d'une voix de stentor :*

CALIGULA

Accordé, mes enfants, vos vœux seront exaucés.

> *Il s'assied en tailleur sur le piédestal. Un à un, les patriciens se prosternent, versent leur obole et se rangent à droite avant de disparaître. Le dernier,*

troublé, oublie son obole et se retire. Mais Caligula,
d'un bond, se remet debout.

Hep! Hep! Viens ici, mon garçon. Adorer, c'est
bien, mais enrichir, c'est mieux. Merci. Cela va bien.
Si les dieux n'avaient pas d'autres richesses que
l'amour des mortels, ils seraient aussi pauvres que le
pauvre Caligula. Et maintenant, messieurs, vous allez
pouvoir partir et répandre dans la ville l'étonnant
miracle auquel il vous a été donné d'assister : vous
avez vu Vénus, ce qui s'appelle voir, avec vos yeux de
chair, et Vénus vous a parlé. Allez, messieurs.

Mouvement des patriciens.

Une seconde! En sortant, prenez le couloir de
gauche. Dans celui de droite, j'ai posté des gardes
pour vous assassiner.

Les patriciens sortent avec beaucoup d'empresse-
ment et un peu de désordre. Les esclaves et les
musiciens disparaissent.

SCÈNE II

Hélicon menace Scipion du doigt.

HÉLICON

Scipion, on a encore fait l'anarchiste!

SCIPION, *à Caligula.*

Tu as blasphémé, Caïus.

HÉLICON

Qu'est-ce que cela peut bien vouloir dire?

SCIPION

Tu souilles le ciel après avoir ensanglanté la terre.

HÉLICON

Ce jeune homme adore les grands mots.

Il va se coucher sur un divan.

CÆSONIA, *très calme.*

Comme tu y vas, mon garçon; il y a en ce moment, dans Rome, des gens qui meurent pour des discours beaucoup moins éloquents.

SCIPION

J'ai décidé de dire la vérité à Caïus.

CÆSONIA

Eh bien, Caligula, cela manquait à ton règne, une belle figure morale!

CALIGULA, *intéressé.*

Tu crois donc aux dieux, Scipion?

SCIPION

Non.

CALIGULA

Alors, je ne comprends pas : pourquoi es-tu si prompt à dépister les blasphèmes?

SCIPION

Je puis nier une chose sans me croire obligé de la salir ou de retirer aux autres le droit d'y croire.

CALIGULA

Mais c'est de la modestie, cela, de la vraie modestie ! Oh ! cher Scipion, que je suis content pour toi. Et envieux, tu sais... Car c'est le seul sentiment que je n'éprouverai peut-être jamais.

SCIPION

Ce n'est pas moi que tu jalouses, ce sont les dieux eux-mêmes.

CALIGULA

Si tu veux bien, cela restera comme le grand secret de mon règne. Tout ce qu'on peut me reprocher aujourd'hui, c'est d'avoir fait encore un petit progrès sur la voie de la puissance et de la liberté. Pour un homme qui aime le pouvoir, la rivalité des dieux a quelque chose d'agaçant. J'ai supprimé cela. J'ai prouvé à ces dieux illusoires qu'un homme, s'il en a la volonté, peut exercer, sans apprentissage, leur métier ridicule.

SCIPION

C'est cela le blasphème, Caïus.

CALIGULA

Non, Scipion, c'est de la clairvoyance. J'ai simplement compris qu'il n'y a qu'une façon de s'égaler aux dieux : il suffit d'être aussi cruel qu'eux.

SCIPION

Il suffit de se faire tyran

CALIGULA

Qu'est-ce qu'un tyran ?

SCIPION

Une âme aveugle.

CALIGULA

Cela n'est pas sûr, Scipion. Mais un tyran est un homme qui sacrifie des peuples à ses idées ou à son ambition. Moi, je n'ai pas d'idées et je n'ai plus rien à briguer en fait d'honneurs et de pouvoir. Si j'exerce ce pouvoir, c'est par compensation.

SCIPION

À quoi ?

CALIGULA

À la bêtise et à la haine des dieux.

SCIPION

La haine ne compense pas la haine. Le pouvoir n'est pas une solution. Et je ne connais qu'une façon de balancer l'hostilité du monde.

CALIGULA

Quelle est-elle ?

SCIPION

La pauvreté.

CALIGULA, *soignant ses pieds.*

Il faudra que j'essaie de celle-là aussi.

SCIPION

En attendant, beaucoup d'hommes meurent autour de toi.

CALIGULA

Si peu, Scipion, vraiment. Sais-tu combien de guerres j'ai refusées?

SCIPION

Non.

CALIGULA

Trois. Et sais-tu pourquoi je les ai refusées?

SCIPION

Parce que tu fais fi de la grandeur de Rome.

CALIGULA

Non, parce que je respecte la vie humaine.

SCIPION

Tu te moques de moi, Caïus.

CALIGULA

Ou, du moins, je la respecte plus que je ne respecte un idéal de conquête. Mais il est vrai que je ne la respecte pas plus que je ne respecte ma propre vie. Et s'il m'est facile de tuer, c'est qu'il ne m'est pas difficile de mourir. Non, plus j'y réfléchis et plus je me persuade que je ne suis pas un tyran.

SCIPION

Qu'importe si cela nous coûte aussi cher que si tu l'étais.

CALIGULA, *avec un peu d'impatience.*

Si tu savais compter, tu saurais que la moindre guerre entreprise par un tyran raisonnable vous coûterait mille fois plus cher que les caprices de ma fantaisie.

SCIPION

Mais, du moins, ce serait raisonnable et l'essentiel est de comprendre.

CALIGULA

On ne comprend pas le destin et c'est pourquoi je me suis fait destin. J'ai pris le visage bête et incompréhensible des dieux. C'est cela que tes compagnons de tout à l'heure ont appris à adorer.

SCIPION

Et c'est cela le blasphème, Caïus.

CALIGULA

Non, Scipion, c'est de l'art dramatique ! L'erreur de tous ces hommes, c'est de ne pas croire assez au théâtre. Ils sauraient sans cela qu'il est permis à tout homme de jouer les tragédies célestes et de devenir dieu. Il suffit de se durcir le cœur.

SCIPION

Peut-être, en effet, Caïus. Mais si cela est vrai, je crois qu'alors tu as fait le nécessaire pour qu'un jour, autour de toi, des légions de dieux humains se lèvent, implacables à leur tour, et noient dans le sang ta divinité d'un moment.

CÆSONIA

Scipion !

CALIGULA, *d'une voix précise et dure.*

Laisse, Cæsonia. Tu ne crois pas si bien dire, Scipion : j'ai fait le nécessaire. J'imagine difficilement le jour dont tu parles. Mais j'en rêve quelquefois. Et sur tous les visages qui s'avancent alors du fond de la nuit amère, dans leurs traits tordus par la haine et l'angoisse, je reconnais, en effet, avec ravissement, le seul dieu que j'aie adoré en ce monde : misérable et lâche comme le cœur humain. (*Irrité.*) Et maintenant, va-t'en. Tu en as beaucoup trop dit. (*Changeant de ton.*) J'ai encore les doigts de mes pieds à rougir. Cela presse.

> *Tous sortent, sauf Hélicon, qui tourne en rond autour de Caligula, absorbé par les soins de ses pieds.*

SCÈNE III

CALIGULA

Hélicon !

HÉLICON

Qu'y a-t-il ?

CALIGULA

Ton travail avance ?

HÉLICON

Quel travail ?

CALIGULA

Eh bien !... la lune !

HÉLICON

Ça progresse. C'est une question de patience. Mais
je voudrais te parler.

CALIGULA

J'aurais peut-être de la patience, mais je n'ai pas
beaucoup de temps. Il faut faire vite, Hélicon.

HÉLICON

Je te l'ai dit, je ferai pour le mieux. Mais auparavant, j'ai des choses graves à t'apprendre.

CALIGULA, *comme s'il n'avait pas entendu.*

Remarque que je l'ai déjà eue.

HÉLICON

Qui ?

CALIGULA

La lune.

HÉLICON

Oui, naturellement. Mais sais-tu que l'on complote
contre ta vie ?

CALIGULA

Je l'ai eue tout à fait même. Deux ou trois fois seulement, il est vrai. Mais tout de même, je l'ai eue.

HÉLICON

Voilà bien longtemps que j'essaie de te parler.

CALIGULA

C'était l'été dernier. Depuis le temps que je la regardais et que je la caressais sur les colonnes du jardin, elle avait fini par comprendre.

HÉLICON

Cessons ce jeu, Caïus. Si tu ne veux pas m'écouter, mon rôle est de parler quand même. Tant pis si tu n'entends pas.

CALIGULA, *toujours occupé*
à rougir ses ongles du pied.

Ce vernis ne vaut rien. Mais pour en revenir à la lune, c'était pendant une belle nuit d'août. (*Hélicon se détourne avec dépit et se tait, immobile.*) Elle a fait quelques façons. J'étais déjà couché. Elle était d'abord toute sanglante, au-dessus de l'horizon. Puis elle a commencé à monter, de plus en plus légère, avec une rapidité croissante. Plus elle montait, plus elle devenait claire. Elle est devenue comme un lac d'eau laiteuse au milieu de cette nuit pleine de froissements d'étoiles. Elle est arrivée alors dans la chaleur, douce, légère et nue. Elle a franchi le seuil de la chambre et, avec sa lenteur sûre, est arrivée jusqu'à mon lit, s'y est coulée et m'a inondé de ses sourires et de son éclat. — Décidément, ce vernis ne vaut rien. Mais tu vois, Hélicon, je puis dire sans me vanter que je l'ai eue.

HÉLICON

Veux-tu m'écouter et connaître ce qui te menace?

CALIGULA, *s'arrête et le regarde fixement.*

Je veux seulement la lune, Hélicon. Je sais d'avance ce qui me tuera. Je n'ai pas encore épuisé tout ce qui peut me faire vivre. C'est pourquoi je veux la lune. Et tu ne reparaîtras pas ici avant de me l'avoir procurée.

HÉLICON

Alors, je ferai mon devoir et je dirai ce que j'ai à dire. Un complot s'est formé contre toi. Cherea en est le chef. J'ai surpris cette tablette qui peut t'apprendre l'essentiel. Je la dépose ici.

> *Hélicon dépose la tablette sur un des sièges et se retire.*

CALIGULA

Où vas-tu, Hélicon?

HÉLICON, *sur le seuil*

Te chercher la lune.

SCÈNE IV

On gratte à la porte opposée. Caligula se retourne brusque-ment et aperçoit le vieux patricien.

LE VIEUX PATRICIEN, *hésitant.*

Tu permets, Caïus?

CALIGULA, *impatient.*

Eh bien! entre. (*Le regardant.*) Alors, ma jolie, on vient revoir Vénus!

LE VIEUX PATRICIEN

Non, ce n'est pas cela. Chut! Oh! pardon, Caïus... je veux dire... Tu sais que je t'aime beaucoup... et puis je ne demande qu'à finir mes vieux jours dans la tranquillité...

CALIGULA

Pressons! Pressons!

LE VIEUX PATRICIEN

Oui, bon. Enfin... (*Très vite.*) C'est très grave, voilà tout.

CALIGULA

Non, ce n'est pas grave.

LE VIEUX PATRICIEN

Mais quoi donc, Caïus?

CALIGULA

Mais de quoi parlons-nous, mon amour?

LE VIEUX PATRICIEN,
il regarde autour de lui.

C'est-à-dire... (*Il se tortille et finit par exploser.*) Un complot contre toi...

CALIGULA

Tu vois bien, c'est ce que je disais, ce n'est pas grave du tout.

LE VIEUX PATRICIEN

Caïus, ils veulent te tuer.

CALIGULA, *va vers lui et le prend aux épaules.*

Sais-tu pourquoi je ne puis pas te croire?

LE VIEUX PATRICIEN, *faisant le geste de jurer.*

Par tous les dieux, Caïus...

CALIGULA, *doucement*
et le poussant peu à peu vers la porte.

Ne jure pas, surtout, ne jure pas. Écoute plutôt. Si
ce que tu dis était vrai, il me faudrait supposer que tu
trahis tes amis, n'est-ce pas?

LE VIEUX PATRICIEN, *un peu perdu.*

C'est-à-dire, Caïus, que mon amour pour toi...

CALIGULA, *du même ton.*

Et je ne puis pas supposer cela. J'ai tant détesté la
lâcheté que je ne pourrais jamais me retenir de faire
mourir un traître. Je sais bien ce que tu vaux, moi. Et,
assurément, tu ne voudras ni trahir ni mourir.

LE VIEUX PATRICIEN

Assurément, Caïus, assurément!

CALIGULA

Tu vois donc que j'avais raison de ne pas te croire.
Tu n'es pas un lâche, n'est-ce pas?

LE VIEUX PATRICIEN

Oh! non...

CALIGULA

Ni un traître?

LE VIEUX PATRICIEN

Cela va sans dire, Caïus.

CALIGULA

Et, par conséquent, il n'y a pas de complot, dis-moi, ce n'était qu'une plaisanterie?

LE VIEUX PATRICIEN, *décomposé.*

Une plaisanterie, une simple plaisanterie...

CALIGULA

Personne ne veut me tuer, cela est évident?

LE VIEUX PATRICIEN

Personne, bien sûr, personne.

CALIGULA, *respirant fortement, puis lentement.*

Alors, disparais, ma jolie. Un homme d'honneur est un animal si rare en ce monde que je ne pourrais pas en supporter la vue trop longtemps. Il faut que je reste seul pour savourer ce grand moment.

SCÈNE V

Caligula contemple un moment la tablette de sa place. Il la saisit et la lit. Il respire fortement et appelle un garde.

CALIGULA

Amène Cherea.

Le garde sort.

Un moment.

Le garde s'arrête.

Avec des égards.

Le garde sort.

Caligula marche un peu de long en large. Puis il se dirige vers le miroir.

Tu avais décidé d'être logique, idiot. Il s'agit seulement de savoir jusqu'où cela ira. (*Ironique.*) Si l'on t'apportait la lune, tout serait changé, n'est-ce pas ? Ce qui est impossible deviendrait possible et du même coup, en une fois, tout serait transfiguré. Pourquoi pas, Caligula ? Qui peut le savoir ? (*Il regarde autour de lui.*) Il y a de moins en moins de monde autour de moi, c'est curieux. (*Au miroir, d'une voix sourde.*) Trop de morts, trop de morts, cela dégarnit. Même si l'on m'apportait la lune, je ne pourrais pas revenir en arrière. Même si les morts frémissaient à nouveau sous la caresse du soleil, les meurtres ne rentreraient pas sous terre pour autant. (*Avec un accent furieux*.) La logique, Caligula, il faut poursuivre la logique. Le pouvoir jusqu'au bout, l'abandon jusqu'au bout. Non, on ne revient pas en arrière et il faut aller jusqu'à la consommation !

Entre Cherea.

SCÈNE VI

Caligula, renversé un peu dans son siège, est engoncé dans son manteau. Il a l'air exténué.

CHEREA

Tu m'as demandé, Caïus ?

CALIGULA, *d'une voix faible*.

Oui, Cherea. Gardes ! Des flambeaux !

Silence.

CHEREA

Tu as quelque chose de particulier à me dire ?

CALIGULA

Non, Cherea.

Silence.

CHEREA, *un peu agacé*

Tu es sûr que ma présence est nécessaire ?

CALIGULA

Absolument sûr, Cherea.

> *Encore un temps de silence.*
> *Soudain empressé.*

Mais, excuse-moi. Je suis distrait et te reçois bien mal. Prends ce siège et devisons en amis. J'ai besoin de parler un peu à quelqu'un d'intelligent.

> *Cherea s'assied.*
> *Naturel, il semble, pour la première fois depuis le début de la pièce.*

Cherea, crois-tu que deux hommes dont l'âme et la fierté sont égales peuvent, au moins une fois dans leur vie, se parler de tout leur cœur — comme s'ils étaient nus l'un devant l'autre, dépouillés des préjugés, des intérêts particuliers et des mensonges dont ils vivent ?

CHEREA

Je pense que cela est possible, Caïus Mais je crois que tu en es incapable.

CALIGULA

Tu as raison. Je voulais seulement savoir si tu pensais comme moi. Couvrons-nous donc de masques. Utilisons nos mensonges. Parlons comme on se bat, couverts jusqu'à la garde. Cherea, pourquoi ne m'aimes-tu pas ?

CHEREA

Parce qu'il n'y a rien d'aimable en toi, Caïus. Parce que ces choses ne se commandent pas. Et aussi, parce que je te comprends trop bien et qu'on ne peut aimer celui de ses visages qu'on essaie de masquer en soi.

CALIGULA

Pourquoi me haïr ?

CHEREA

Ici, tu te trompes, Caïus. Je ne te hais pas. Je te juge nuisible et cruel, égoïste et vaniteux. Mais je ne puis pas te haïr puisque je ne te crois pas heureux. Et je ne puis pas te mépriser puisque je sais que tu n'es pas lâche.

CALIGULA

Alors, pourquoi veux-tu me tuer ?

CHEREA

Je te l'ai dit : je te juge nuisible. J'ai le goût et le besoin de la sécurité. La plupart des hommes sont comme moi. Ils sont incapables de vivre dans un univers où la pensée la plus bizarre peut en une seconde entrer dans la réalité — où, la plupart du temps, elle y entre, comme un couteau dans un cœur. Moi non plus, je ne veux pas vivre dans un tel univers. Je préfère me tenir bien en main.

CALIGULA

La sécurité et la logique ne vont pas ensemble.

CHEREA

Il est vrai. Cela n'est pas logique, mais cela est sain.

CALIGULA

Continue.

CHEREA

Je n'ai rien de plus à dire. Je ne veux pas entrer dans ta logique. J'ai une autre idée de mes devoirs d'homme. Je sais que la plupart de tes sujets pensent comme moi. Tu es gênant pour tous. Il est naturel que tu disparaisses.

CALIGULA

Tout cela est très clair et très légitime. Pour la plupart des hommes, ce serait même évident. Pas pour toi, cependant. Tu es intelligent et l'intelligence se paie cher ou se nie. Moi, je paie. Mais toi, pourquoi ne pas la nier et ne pas vouloir payer ?

CHEREA

Parce que j'ai envie de vivre et d'être heureux. Je crois qu'on ne peut être ni l'un ni l'autre en poussant l'absurde dans toutes ses conséquences. Je suis comme tout le monde. Pour m'en sentir libéré, je souhaite parfois la mort de ceux que j'aime, je convoite des femmes que les lois de la famille ou de l'amitié m'interdisent de convoiter. Pour être logique, je devrais alors tuer ou posséder. Mais je juge que ces idées vagues n'ont pas d'importance. Si tout le monde se mêlait de les réaliser, nous ne pourrions ni vivre ni être heureux. Encore une fois, c'est cela qui m'importe.

CALIGULA

Il faut donc que tu croies à quelque idée supérieure.

CHEREA

Je crois qu'il y a des actions qui sont plus belles que d'autres.

CALIGULA

Je crois que toutes sont équivalentes.

CHEREA

Je le sais, Caïus, et c'est pourquoi je ne te hais pas. Mais tu es gênant et il faut que tu disparaisses.

CALIGULA

C'est très juste. Mais pourquoi me l'annoncer et risquer ta vie?

CHEREA

Parce que d'autres me remplaceront et parce que je n'aime pas mentir.

Silence.

CALIGULA

Cherea!

CHEREA

Oui, Caïus.

CALIGULA

Crois-tu que deux hommes dont l'âme et la fierté sont égales peuvent, au moins une fois dans leur vie, se parler de tout leur cœur?

CHEREA

Je crois que c'est ce que nous venons de faire.

CALIGULA

Oui, Cherea. Tu m'en croyais incapable, pourtant.

CHEREA

J'avais tort, Caïus, je le reconnais et je te remercie.
J'attends maintenant ta sentence.

CALIGULA, *distrait.*

Ma sentence ? Ah ! tu veux dire... (*Tirant la tablette de
son manteau.*) Connais-tu cela, Cherea ?

CHEREA

Je savais qu'elle était en ta possession.

CALIGULA, *de façon passionnée.*

Oui, Cherea, et ta franchise elle-même était simu-
lée. Les deux hommes ne se sont pas parlé de tout leur
cœur. Cela ne fait rien pourtant. Maintenant, nous
allons cesser le jeu de la sincérité et recommencer à
vivre comme par le passé. Il faut encore que tu essaies
de comprendre ce que je vais te dire, que tu subisses
mes offenses et mon humeur. Écoute, Cherea. Cette
tablette est la seule preuve.

CHEREA

Je m'en vais, Caïus. Je suis lassé de tout ce jeu
grimaçant. Je le connais trop et ne veux plus le voir.

CALIGULA, *de la même voix passionnée
et attentive.*

Reste encore. C'est la preuve, n'est-ce pas ?

CHEREA

Je ne crois pas que tu aies besoin de preuves pour
faire mourir un homme.

CALIGULA

Il est vrai. Mais, pour une fois, je veux me contredire. Cela ne gêne personne. Et c'est si bon de se contredire de temps en temps. Cela repose. J'ai besoin de repos, Cherea.

CHEREA

Je ne comprends pas et je n'ai pas de goût pour ces complications.

CALIGULA

Bien sûr, Cherea. Tu es un homme sain, toi. Tu ne désires rien d'extraordinaire ! (*Éclatant de rire.*) Tu veux vivre et être heureux. Seulement cela !

CHEREA

Je crois qu'il vaut mieux que nous en restions là.

CALIGULA

Pas encore. Un peu de patience, veux-tu ? J'ai là cette preuve, regarde. Je veux considérer que je ne peux vous faire mourir sans elle. C'est mon idée et c'est mon repos. Eh bien ! vois ce que deviennent les preuves dans la main d'un empereur.

> *Il approche la tablette d'un flambeau. Cherea le rejoint. Le flambeau les sépare. La tablette fond.*

Tu vois, conspirateur ! Elle fond, et à mesure que cette preuve disparaît, c'est un matin d'innocence qui se lève sur ton visage. L'admirable front pur que tu as, Cherea. Que c'est beau, un innocent, que c'est beau ! Admire ma puissance. Les dieux eux-mêmes ne peuvent pas rendre l'innocence sans auparavant

punir. Et ton empereur n'a besoin que d'une flamme
pour t'absoudre et t'encourager. Continue, Cherea,
poursuis jusqu'au bout le magnifique raisonnement
que tu m'as tenu. Ton empereur attend son repos.
C'est sa manière à lui de vivre et d'être heureux.

> *Cherea regarde Caligula avec stupeur. Il a un
> geste à peine esquissé, semble comprendre, ouvre la
> bouche et part brusquement. Caligula continue de
> tenir la tablette dans la flamme et, souriant, suit
> Cherea du regard.*

RIDEAU

ACTE IV

SCÈNE PREMIÈRE

La scène est dans une demi-obscurité. Entrent Cherea et Scipion. Cherea va à droite, puis à gauche et revient vers Scipion.

SCIPION, *l'air fermé.*

Que me veux-tu?

CHEREA

Le temps presse. Nous devons être fermes sur ce que nous allons faire.

SCIPION

Qui te dit que je ne suis pas ferme?

CHEREA

Tu n'es pas venu à notre réunion d'hier.

SCIPION, *se détournant.*

C'est vrai, Cherea.

CHEREA

Scipion, je suis plus âgé que toi et je n'ai pas coutume de demander du secours. Mais il est vrai que j'ai besoin de toi. Ce meurtre demande des répondants qui soient respectables. Au milieu de ces vanités blessées et de ces ignobles peurs, il n'y a que toi et moi dont les raisons soient pures. Je sais que si tu nous abandonnes, tu ne trahiras rien. Mais cela est indifférent. Ce que je désire, c'est que tu restes avec nous.

SCIPION

Je te comprends. Mais je te jure que je ne le puis pas.

CHEREA

Es-tu donc avec lui ?

SCIPION

Non. Mais je ne puis être contre lui. (*Un temps, puis sourdement.*) Si je le tuais, mon cœur du moins serait avec lui.

CHEREA

Il a pourtant tué ton père !

SCIPION

Oui, c'est là que tout commence. Mais c'est là aussi que tout finit.

CHEREA

Il nie ce que tu avoues. Il bafoue ce que tu vénères.

SCIPION

C'est vrai, Cherea. Mais quelque chose en moi lui ressemble pourtant. La même flamme nous brûle le cœur.

CHEREA

Il est des heures où il faut choisir. Moi, j'ai fait taire en moi ce qui pouvait lui ressembler.

SCIPION

Je ne puis pas choisir puisqu'en plus de ce que je souffre, je souffre aussi de ce qu'il souffre. Mon malheur est de tout comprendre.

CHEREA

Alors tu choisis de lui donner raison.

SCIPION, *dans un cri.*

Oh! je t'en prie, Cherea, personne, plus personne pour moi n'aura jamais raison!

Un temps, ils se regardent.

CHEREA, *avec émotion,*
s'avançant vers Scipion.

Sais-tu que je le hais plus encore pour ce qu'il a fait de toi?

SCIPION

Oui, il m'a appris à tout exiger.

CHEREA

Non, Scipion, il t'a désespéré. Et désespérer une jeune âme est un crime qui passe tous ceux qu'il a

commis jusqu'ici. Je te jure que cela suffirait pour que
je le tue avec emportement.

> *Il se dirige vers la sortie. Entre Hélicon.*

SCÈNE II

HÉLICON

Je te cherchais, Cherea. Caligula organise ici une
petite réunion amicale. Il faut que tu l'attendes. (*Il se
tourne vers Scipion.*) Mais on n'a pas besoin de toi, mon
pigeon. Tu peux partir.

> SCIPION, *au moment de sortir,*
> *se tourne vers Cherea.*

Cherea !

> CHEREA, *très doucement.*

Oui, Scipion.

> SCIPION

Essaie de comprendre.

> CHEREA, *très doucement.*

Non, Scipion.

> *Scipion et Hélicon sortent.*

SCÈNE III

Bruits d'armes en coulisse. Deux gardes paraissent, à droite, conduisant le vieux patricien et le premier patricien, qui donnent toutes les marques de la frayeur.

PREMIER PATRICIEN, *au garde, d'une voix qu'il essaie de rendre ferme.*

Mais enfin, que nous veut-on à cette heure de la nuit?

LE GARDE

Assieds-toi là.

Il désigne les sièges à droite.

PREMIER PATRICIEN

S'il s'agit de nous faire mourir, comme les autres, il n'y a pas besoin de tant d'histoires.

LE GARDE

Assieds-toi là, vieux mulet.

LE VIEUX PATRICIEN

Asseyons-nous. Cet homme ne sait rien. C'est visible.

LE GARDE

Oui, ma jolie, c'est visible.

Il sort.

PREMIER PATRICIEN

Il fallait agir vite, je le savais. Maintenant, c'est la torture qui nous attend.

SCÈNE IV

CHEREA, *calme et s'asseyant.*

De quoi s'agit-il ?

PREMIER PATRICIEN ET LE VIEUX PATRICIEN,
ensemble.

La conjuration est découverte.

CHEREA

Ensuite ?

LE VIEUX PATRICIEN, *tremblant.*

C'est la torture.

CHEREA, *impassible.*

Je me souviens que Caligula a donné quatre-vingt-un mille sesterces à un esclave voleur que la torture n'avait pas fait avouer.

PREMIER PATRICIEN

Nous voilà bien avancés.

CHEREA

Non, mais c'est une preuve qu'il aime le courage. Et vous devriez en tenir compte. (*Au vieux patricien.*) Cela ne te ferait rien de ne pas claquer des dents ainsi ? J'ai ce bruit en horreur.

LE VIEUX PATRICIEN

C'est que...

PREMIER PATRICIEN

Assez d'histoires. C'est notre vie que nous jouons.

CHEREA, *sans broncher*.

Connaissez-vous le mot favori de Caligula ?

LE VIEUX PATRICIEN, *prêt aux larmes*.

Oui. Il le dit au bourreau : « Tue-le lentement pour qu'il se sente mourir. »

CHEREA

Non, c'est mieux. Après une exécution, il bâille et dit avec sérieux : « Ce que j'admire le plus, c'est mon insensibilité. »

PREMIER PATRICIEN

Vous entendez ?

Bruit d'armes.

CHEREA

Ce mot-là révèle un faible

LE VIEUX PATRICIEN

Cela ne te ferait rien de ne pas faire de philosophie ? Je l'ai en horreur.

Entre, dans le fond, un esclave qui apporte des armes et les range sur un siège.

CHEREA, *qui ne l'a pas vu.*

Reconnaissons au moins que cet homme exerce une indéniable influence. Il force à penser. Il force tout le monde à penser. L'insécurité, voilà ce qui fait penser. Et c'est pourquoi tant de haines le poursuivent.

LE VIEUX PATRICIEN, *tremblant.*

Regarde.

CHEREA, *apercevant les armes,*
sa voix change un peu.

Tu avais peut-être raison.

PREMIER PATRICIEN

Il fallait faire vite. Nous avons trop attendu.

CHEREA

Oui. C'est une leçon qui vient un peu tard.

LE VIEUX PATRICIEN

Mais c'est insensé. Je ne veux pas mourir.

> *Il se lève et veut s'échapper. Deux gardes*
> *surgissent et le maintiennent de force après l'avoir*
> *giflé. Le premier patricien s'écrase sur son siège.*
> *Cherea dit quelques mots qu'on n'entend pas.*
> *Soudain, une étrange musique aigre, sautillante, de*
> *sistres et de cymbales, éclate au fond. Les patriciens*
> *font silence et regardent. Caligula, en robe courte de*
> *danseuse, des fleurs sur la tête, paraît en ombre*
> *chinoise, derrière le rideau du fond, mime quelques*
> *gestes ridicules de danse et s'éclipse. Aussitôt après,*
> *un garde dit, d'une voix solennelle : « Le spectacle*
> *est terminé. » Pendant ce temps, Cæsonia est entrée*

*silencieusement derrière les spectateurs. Elle parle
d'une voix neutre qui les fait cependant sursauter.*

SCÈNE V

CÆSONIA

Caligula m'a chargée de vous dire qu'il vous faisait
appeler jusqu'ici pour les affaires de l'État, mais
qu'aujourd'hui, il vous avait invités à communier
avec lui dans une émotion artistique. *(Un temps ; puis
de la même voix.)* Il a ajouté d'ailleurs que celui qui
n'aurait pas communié aurait la tête tranchée.

Ils se taisent.

Je m'excuse d'insister. Mais je dois vous demander
si vous avez trouvé que cette danse était belle.

PREMIER PATRICIEN, *après une hésitation.*

Elle était belle, Cæsonia.

LE VIEUX PATRICIEN, *débordant de gratitude.*

Oh! oui, Cæsonia.

CÆSONIA

Et toi, Cherea?

CHEREA, *froidement.*

C'était du grand art.

CÆSONIA

Parfait, je vais donc pouvoir en informer Caligula.

SCÈNE VI

Entre Hélicon.

HÉLICON

Dis-moi, Cherea, était-ce vraiment du grand art?

CHEREA

Dans un sens, oui.

HÉLICON

Je comprends. Tu es très fort, Cherea. Faux comme un honnête homme. Mais fort, vraiment. Moi, je ne suis pas fort. Et pourtant, je ne vous laisserai pas toucher à Caïus, même si c'est là ce que lui-même désire.

CHEREA

Je n'entends rien à ce discours. Mais je te félicite pour ton dévouement. J'aime les bons domestiques.

HÉLICON

Te voilà bien fier, hein? Oui, je sers un fou. Mais toi, qui sers-tu? La vertu? Je vais te dire ce que j'en pense. Je suis né esclave. Alors, l'air de la vertu, honnête homme, je l'ai d'abord dansé sous le fouet. Caïus, lui, ne m'a pas fait de discours. Il m'a affranchi et pris dans son palais. C'est ainsi que j'ai pu vous regarder, vous les vertueux. Et j'ai vu que vous aviez sale mine et pauvre odeur, l'odeur fade de ceux qui n'ont jamais rien souffert ni risqué. J'ai vu les drapés nobles, mais l'usure au cœur, le visage avare, la main fuyante. Vous, des juges ? Vous qui tenez boutique de vertu, qui rêvez de sécurité comme la jeune fille rêve d'amour, qui allez pourtant mourir dans l'effroi sans même savoir que vous avez menti toute votre vie, vous vous mêleriez de juger celui qui a souffert sans compter, et qui saigne tous les jours de mille nouvelles blessures ? Vous me frapperez avant, sois-en sûr ! Méprise l'esclave, Cherea ! Il est au-dessus de ta vertu puisqu'il peut encore aimer ce maître misérable qu'il défendra contre vos nobles mensonges, vos bouches parjures...

CHEREA

Cher Hélicon, tu te laisses aller à l'éloquence. Franchement, tu avais le goût meilleur, autrefois.

HÉLICON

Désolé, vraiment. Voilà ce que c'est que de trop vous fréquenter. Les vieux époux ont le même nombre de poils dans les oreilles tant ils finissent par se ressembler. Mais je me reprends, ne crains rien, je me reprends. Simplement ceci... Regarde, tu vois ce visage ? Bon. Regarde-le bien. Parfait. Maintenant, tu as vu ton ennemi.

Il sort.

SCÈNE VII

CHEREA

Et maintenant, il faut faire vite. Restez là tous les deux. Nous serons ce soir une centaine.

Il sort.

LE VIEUX PATRICIEN

Restez là, restez là ! Je voudrais bien partir, moi. (*Il renifle.*) Ça sent le mort, ici.

PREMIER PATRICIEN

Ou le mensonge. (*Tristement.*) J'ai dit que cette danse était belle.

LE VIEUX PATRICIEN, *conciliant.*

Elle l'était dans un sens. Elle l'était.

Entrent en coup de vent plusieurs patriciens et chevaliers.

SCÈNE VIII

DEUXIÈME PATRICIEN

Qu'y a-t-il ? Le savez-vous ? L'empereur nous fait appeler.

LE VIEUX PATRICIEN, *distrait.*

C'est peut-être pour la danse.

DEUXIÈME PATRICIEN

Quelle danse?

LE VIEUX PATRICIEN

Oui, enfin, l'émotion artistique.

TROISIÈME PATRICIEN

On m'a dit que Caligula était très malade.

PREMIER PATRICIEN

Il l'est.

TROISIÈME PATRICIEN

Qu'a-t-il donc? (*Avec ravissement.*) Par tous les dieux, va-t-il mourir?

PREMIER PATRICIEN

Je ne crois pas. Sa maladie n'est mortelle que pour les autres.

LE VIEUX PATRICIEN

Si nous osons dire.

DEUXIÈME PATRICIEN

Je te comprends. Mais n'a-t-il pas quelque maladie moins grave et plus avantageuse pour nous?

PREMIER PATRICIEN

Non, cette maladie-là ne souffre pas la concurrence. Vous permettez, je dois voir Cherea.

Il sort. Entre Cæsonia, petit silence.

SCÈNE IX

CÆSONIA, *d'un air indifférent.*

Caligula souffre de l'estomac. Il a vomi du sang.

Les patriciens accourent autour d'elle.

DEUXIÈME PATRICIEN

Oh! dieux tout-puissants, je fais vœu, s'il se rétablit, de verser deux cent mille sesterces au trésor de l'État.

TROISIÈME PATRICIEN, *exagéré.*

Jupiter, prends ma vie en échange de la sienne.

Caligula est entré depuis un moment. Il écoute.

CALIGULA, *s'avançant vers le deuxième patricien.*

J'accepte ton offrande, Lucius, je te remercie. Mon trésorier se présentera demain chez toi. (*Il va vers le troisième patricien et l'embrasse.*) Tu ne peux savoir comme je suis ému. (*Un silence et tendrement.*) Tu m'aimes donc?

TROISIÈME PATRICIEN, *pénétré.*

Ah! César, il n'est rien que, pour toi, je ne donnerais sur l'heure.

CALIGULA, *l'embrassant encore.*

Ah! ceci est trop, Cassius, et je n'ai pas mérité tant d'amour. (*Cassius fait un geste de protestation.*) Non, non,

te dis-je. J'en suis indigne. (*Il appelle deux gardes.*)
Emmenez-le. (*À Cassius, doucement.*) Va, ami. Et
souviens-toi que Caligula t'a donné son cœur.

TROISIÈME PATRICIEN, *vaguement inquiet.*

Mais où m'emmènent-ils?

CALIGULA

À la mort, voyons. Tu as donné ta vie pour la
mienne. Moi, je me sens mieux maintenant. Je n'ai
même plus cet affreux goût de sang dans la bouche. Tu
m'as guéri. Es-tu heureux, Cassius, de pouvoir donner
ta vie pour un autre, quand cet autre s'appelle Caligula? Me voilà prêt de nouveau pour toutes les fêtes.

> *On entraîne le troisième patricien qui résiste et
> hurle.*

TROISIÈME PATRICIEN

Je ne veux pas. Mais c'est une plaisanterie.

CALIGULA, *rêveur, entre les hurlements.*

Bientôt, les routes sur la mer seront couvertes de
mimosas. Les femmes auront des robes d'étoffe légère.
Un grand ciel frais et battant, Cassius! Les sourires
de la vie!

> *Cassius est prêt à sortir. Cæsonia le pousse
> doucement.*
> *Se retournant, soudain sérieux.*

La vie, mon ami, si tu l'avais assez aimée, tu ne
l'aurais pas jouée avec tant d'imprudence.

> *On entraîne Cassius.*
> *Revenant vers la table.*

Et quand on a perdu, il faut toujours payer. (*Un temps.*) Viens, Cæsonia. (*Il se tourne vers les autres.*) À propos, il m'est venu une belle pensée que je veux partager avec vous. Mon règne jusqu'ici a été trop heureux. Ni peste universelle, ni religion cruelle, pas même un coup d'État, bref, rien qui puisse vous faire passer à la postérité. C'est un peu pour cela, voyez-vous, que j'essaie de compenser la prudence du destin. Je veux dire... je ne sais si vous m'avez compris (*avec un petit rire*), enfin, c'est moi qui remplace la peste. (*Changeant de ton*) Mais, taisez-vous. Voici Cherea. C'est à toi, Cæsonia.

> *Il sort. Entrent Cherea et le premier patricien.*

SCÈNE X

> *Cæsonia va vivement au-devant de Cherea.*

CÆSONIA

Caligula est mort.

> *Elle se détourne, comme si elle pleurait, et fixe les autres qui se taisent. Tout le monde a l'air consterné, mais pour des raisons différentes.*

PREMIER PATRICIEN

Tu... tu es sûre de ce malheur? Ce n'est pas possible, il a dansé tout à l'heure.

CÆSONIA

Justement. Cet effort l'a achevé.

Cherea va rapidement de l'un à l'autre, et se retourne vers Cæsonia. Tout le monde garde le silence.

Lentement.

Tu ne dis rien, Cherea.

CHEREA, *aussi lentement.*

C'est un grand malheur, Cæsonia.

Caligula entre brutalement et va vers Cherea.

CALIGULA

Bien joué, Cherea. (*Il fait un tour sur lui-même et regarde les autres. Avec humeur.*) Eh bien! c'est raté. (*À Cæsonia.*) N'oublie pas ce que je t'ai dit.

Il sort.

SCÈNE XI

Cæsonia le regarde partir en silence.

LE VIEUX PATRICIEN, *soutenu par un espoir infatigable.*

Serait-il malade, Cæsonia?

CÆSONIA, *le regardant avec haine.*

Non, ma jolie, mais ce que tu ignores, c'est que cet homme dort deux heures toutes les nuits et le reste du temps, incapable de reposer, erre dans les galeries de son palais. Ce que tu ignores, ce que tu ne t'es jamais demandé, c'est à quoi pense cet être pendant les

heures mortelles qui vont du milieu de la nuit au
retour du soleil. Malade ? Non, il ne l'est pas. À moins
que tu n'inventes un nom et des médicaments pour les
ulcères dont son âme est couverte.

CHEREA, *qu'on dirait touché*

Tu as raison, Cæsonia. Nous n'ignorons pas que
Caïus...

CÆSONIA, *plus vite.*

Non, vous ne l'ignorez pas. Mais comme tous ceux
qui n'ont point d'âme, vous ne pouvez supporter ceux
qui en ont trop. Trop d'âme ! Voilà qui est gênant,
n'est-ce pas ? Alors, on appelle cela maladie : les
cuistres sont justifiés et contents. (*D'un autre ton.*) Est-
ce que tu as jamais su aimer, Cherea ?

CHEREA, *de nouveau lui-même.*

Nous sommes maintenant trop vieux pour apprendre à le faire, Cæsonia. Et d'ailleurs, il n'est pas sûr
que Caligula nous en laissera le temps.

CÆSONIA, *qui s'est reprise.*

Il est vrai. (*Elle s'assied.*) Et j'allais oublier les
recommandations de Caligula. Vous savez qu'aujour-
d'hui est un jour consacré à l'art.

LE VIEUX PATRICIEN

D'après le calendrier ?

CÆSONIA

Non, d'après Caligula. Il a convoqué quelques
poètes. Il leur proposera une composition improvisée

sur un sujet donné. Il désire que ceux d'entre vous qui
sont poètes y concourent expressément. Il a désigné
en particulier le jeune Scipion et Metellus.

METELLUS

Mais nous ne sommes pas prêts.

CÆSONIA, *comme si elle n'avait pas entendu,*
d'une voix neutre.

Naturellement, il y aura des récompenses. Il y a
aussi des punitions. (*Petit recul des autres.*) Je puis vous
dire, en confidence, qu'elles ne sont pas très graves.

Entre Caligula. Il est plus sombre que jamais.

SCÈNE XII

CALIGULA

Tout est prêt ?

CÆSONIA

Tout. (*À un garde.*) Faites entrer les poètes.

Entrent, deux par deux, une douzaine de poètes
qui descendent à droite au pas cadencé.

CALIGULA

Et les autres ?

CÆSONIA

Scipion et Metellus !

> *Tous deux se joignent aux poètes. Caligula s'assied dans le fond, à gauche, avec Cæsonia et le reste des patriciens. Petit silence.*

CALIGULA

Sujet : la mort. Délai : une minute.

> *Les poètes écrivent précipitamment sur leurs tablettes.*

LE VIEUX PATRICIEN

Qui sera le jury ?

CALIGULA

Moi. Cela n'est pas suffisant ?

LE VIEUX PATRICIEN

Oh ! oui. Tout à fait suffisant.

CHEREA

Est-ce que tu participes au concours, Caïus ?

CALIGULA

C'est inutile. Il y a longtemps que j'ai fait ma composition sur ce sujet.

LE VIEUX PATRICIEN, *empresse.*

Où peut-on se la procurer ?

CALIGULA

À ma façon, je la récite tous les jours.

> *Cæsonia le regarde, angoissée.*

CALIGULA, *brutalement.*

Ma figure te déplaît ?

CÆSONIA, *doucement.*

Je te demande pardon.

CALIGULA

Ah ! je t'en prie, pas d'humilité. Surtout pas d'humilité. Toi, tu es déjà difficile à supporter, mais ton humilité !

Cæsonia remonte lentement...
À Cherea.

Je continue. C'est l'unique composition que j'aie faite. Mais aussi, elle donne la preuve que je suis le seul artiste que Rome ait connu, le seul, tu entends, Cherea, qui mette en accord sa pensée et ses actes.

CHEREA

C'est seulement une question de pouvoir.

CALIGULA

En effet. Les autres créent par défaut de pouvoir. Moi, je n'ai pas besoin d'une œuvre : je vis. (*Brutalement.*) Alors, vous autres, vous y êtes ?

METELLUS

Nous y sommes, je crois.

TOUS

Oui.

CALIGULA

Bon, écoutez-moi bien. Vous allez quitter vos
rangs. Je sifflerai. Le premier commencera sa lecture.
À mon coup de sifflet, il doit s'arrêter et le second
commencer. Et ainsi de suite. Le vainqueur, naturellement, sera celui dont la composition n'aura pas été
interrompue par le sifflet. Préparez-vous. (*Il se tourne
vers Cherea et, confidentiel.*) Il faut de l'organisation en
tout, même en art.

Coup de sifflet.

PREMIER POÈTE

Mort, quand par-delà les rives noires...

*Sifflet. Le poète descend à gauche. Les autres
feront de même. Scène mécanique.*

DEUXIÈME POÈTE

Les Trois Parques en leur antre. .

Sifflet

TROISIÈME POÈTE

Je t'appelle, ô mort...

Sifflet rageur.

*Le quatrième poète s'avance et prend une pose
déclamatoire. Le sifflet retentit avant qu'il ait parlé.*

CINQUIÈME POÈTE

Lorsque j'étais petit enfant...

CALIGULA, *hurlant.*

Non! mais quel rapport l'enfance d'un imbécile
peut-elle avoir avec le sujet? Veux-tu me dire où est le
rapport?

CINQUIÈME POÈTE

Mais, Caïus, je n'ai pas fini...

Sifflet strident

SIXIÈME POÈTE, *il avance, s'éclaircissant la voix.*

Inexorable, elle chemine...

Sifflet.

SEPTIÈME POÈTE, *mystérieux.*

Absconse et diffuse oraison...

Sifflet entrecoupé.
Scipion s'avance sans tablettes.

CALIGULA

À toi, Scipion. Tu n'as pas de tablettes ?

SCIPION

Je n'en ai pas besoin.

CALIGULA

Voyons.

Il mâchonne son sifflet.

SCIPION, *très près de Caligula, sans le regarder*
et avec une sorte de lassitude.

« Chasse au bonheur qui fait les êtres purs,
Ciel où le soleil ruisselle,
Fêtes uniques et sauvages, mon délire sans espoir !... »

CALIGULA, *doucement.*

Arrête, veux-tu ? (*À Scipion.*) Tu es bien jeune pour
connaître les vraies leçons de la mort.

SCIPION, *fixant Caligula.*

J'étais bien jeune pour perdre mon père.

CALIGULA, *se détournant brusquement.*

Allons, vous autres, formez vos rangs. Un faux poète est une punition trop dure pour mon goût. Je méditais jusqu'ici de vous garder comme alliés et j'imaginais parfois que vous formeriez le dernier carré de mes défenseurs. Mais cela est vain, et je vais vous rejeter parmi mes ennemis. Les poètes sont contre moi, je puis dire que c'est la fin. Sortez en bon ordre ! Vous allez défiler devant moi en léchant vos tablettes pour y effacer les traces de vos infamies. Attention ! En avant !

> *Coups de sifflet rythmés. Les poètes, marchant au pas, sortent, par la droite, en léchant leurs immortelles tablettes.*

> *Très bas.*

Et sortez tous.

> *À la porte, Cherea retient le premier patricien par l'épaule.*

CHEREA

Le moment est venu.

> *Le jeune Scipion, qui a entendu, hésite sur le pas de la porte et va vers Caligula.*

CALIGULA, *méchamment.*

Ne peux-tu me laisser en paix, comme le fait maintenant ton père ?

SCÈNE XIII

SCIPION

Allons, Caïus, tout cela est inutile. Je sais déjà que tu as choisi.

CALIGULA

Laisse-moi.

SCIPION

Je vais te laisser, en effet, car je crois que je t'ai compris. Ni pour toi, ni pour moi, qui te ressemble tant, il n'y a plus d'issue. Je vais partir très loin chercher les raisons de tout cela. (*Un temps, il regarde Caligula. Avec un grand accent.*) Adieu, cher Caïus. Quand tout sera fini, n'oublie pas que je t'ai aimé.

> *Il sort. Caligula le regarde. Il a un geste. Mais il se secoue brutalement et revient sur Cæsonia.*

CÆSONIA

Qu'a-t-il dit?

CALIGULA

Cela dépasse ton entendement.

CÆSONIA

À quoi penses-tu?

CALIGULA

À celui-ci. Et puis à toi aussi. Mais c'est la même chose.

CÆSONIA

Qu'y a-t-il?

CALIGULA, *la regardant.*

Scipion est parti. J'en ai fini avec l'amitié. Mais toi, je me demande pourquoi tu es encore là...

CÆSONIA

Parce que je te plais.

CALIGULA

Non. Si je te faisais tuer, je crois que je comprendrais.

CÆSONIA

Ce serait une solution. Fais-le donc. Mais ne peux-tu, au moins pour une minute, te laisser aller à vivre librement?

CALIGULA

Cela fait déjà quelques années que je m'exerce à vivre librement.

CÆSONIA

Ce n'est pas ainsi que je l'entends. Comprends-moi bien. Cela peut être si bon de vivre et d'aimer dans la pureté de son cœur.

CALIGULA

Chacun gagne sa pureté comme il peut. Moi, c'est en poursuivant l'essentiel. Tout cela n'empêche pas d'ailleurs que je pourrais te faire tuer. (*Il rit.*) Ce serait le couronnement de ma carrière.

> *Caligula se lève et fait tourner le miroir sur lui-même. Il marche en rond, en laissant pendre ses bras presque sans gestes, comme une bête.*

C'est drôle. Quand je ne tue pas, je me sens seul. Les vivants ne suffisent pas à peupler l'univers et à chasser l'ennui. Quand vous êtes tous là, vous me faites sentir un vide sans mesure où je ne peux regarder. Je ne suis bien que parmi mes morts. (*Il se campe face au public, un peu penché en avant, il a oublié Cæsonia.*) Eux sont vrais. Ils sont comme moi. Ils m'attendent et me pressent. (*Il hoche la tête.*) J'ai de longs dialogues avec tel ou tel qui cria vers moi pour être gracié et à qui je fis couper la langue.

CÆSONIA

Viens. Étends-toi près de moi. Mets ta tête sur mes genoux. (*Caligula obéit.*) Tu es bien. Tout se tait.

CALIGULA

Tout se tait. Tu exagères. N'entends-tu pas ces cliquetis de fers ? (*On les entend.*) Ne perçois-tu pas ces mille petites rumeurs qui révèlent la haine aux aguets ?

Rumeurs.

CÆSONIA

Personne n'oserait...

CALIGULA

Si, la bêtise.

CÆSONIA

Elle ne tue pas. Elle rend sage.

CALIGULA

Elle est meurtrière, Cæsonia. Elle est meurtrière lorsqu'elle se juge offensée. Oh! ce ne sont pas ceux dont j'ai tué les fils ou le père qui m'assassineront. Ceux-là ont compris. Ils sont avec moi, ils ont le même goût dans la bouche. Mais les autres, ceux que j'ai moqués et ridiculisés, je suis sans défense contre leur vanité.

CÆSONIA, *avec véhémence*.

Nous te défendrons, nous sommes encore nombreux à t'aimer.

CALIGULA

Vous êtes de moins en moins nombreux. J'ai fait ce qu'il fallait pour cela. Et puis, soyons justes, je n'ai pas seulement la bêtise contre moi, j'ai aussi la loyauté et le courage de ceux qui veulent être heureux.

CÆSONIA, *même jeu*.

Non, ils ne te tueront pas. Ou alors quelque chose, venu du ciel, les consumerait avant qu'ils t'aient touché.

CALIGULA

Du ciel! Il n'y a pas de ciel, pauvre femme. (*Il s'assied.*) Mais pourquoi tant d'amour, tout d'un coup, ce n'est pas dans nos conventions?

CÆSONIA, *qui s'est levée et marche*.

Ce n'est donc pas assez de te voir tuer les autres qu'il faille encore savoir que tu seras tué? Ce n'est pas assez de te recevoir cruel et déchiré, de sentir ton odeur de meurtre quand tu te places sur mon ventre! Tous les jours, je vois mourir un peu plus en toi ce qui a figure d'homme. (*Elle se tourne vers lui.*) Je suis vieille et près d'être laide, je le sais. Mais le souci que j'ai de toi m'a fait maintenant une telle âme qu'il n'importe plus que tu ne m'aimes pas. Je voudrais seulement te voir guérir, toi qui es encore un enfant. Toute une vie devant toi! Et que demandes-tu donc qui soit plus grand que toute une vie?

CALIGULA, *se lève et il la regarde.*

Voici déjà bien longtemps que tu es là.

CÆSONIA

C'est vrai. Mais tu vas me garder, n'est-ce pas?

CALIGULA

Je ne sais pas. Je sais seulement pourquoi tu es là : pour toutes ces nuits où le plaisir était aigu et sans joie, et pour tout ce que tu connais de moi.

Il la prend dans ses bras et, de la main, lui renverse un peu la tête.

J'ai vingt-neuf ans. C'est peu. Mais à cette heure où ma vie m'apparaît cependant si longue, si chargée de dépouilles, si accomplie enfin, tu restes le dernier témoin. Et je ne peux me défendre d'une sorte de tendresse honteuse pour la vieille femme que tu vas être.

CÆSONIA

Dis-moi que tu veux me garder!

CALIGULA

Je ne sais pas. J'ai conscience seulement, et c'est le plus terrible, que cette tendresse honteuse est le seul sentiment pur que ma vie m'ait jusqu'ici donné.

Cæsonia se retire de ses bras, Caligula la suit.
Elle colle son dos contre lui, il l'enlace.

Ne vaudrait-il pas mieux que le dernier témoin disparaisse?

CÆSONIA

Cela n'a pas d'importance. Je suis heureuse de ce que tu m'as dit. Mais pourquoi ne puis-je pas partager ce bonheur avec toi?

CALIGULA

Qui te dit que je ne suis pas heureux?

CÆSONIA

Le bonheur est généreux. Il ne vit pas de destructions.

CALIGULA

Alors, c'est qu'il est deux sortes de bonheurs et j'ai choisi celui des meurtriers. Car je suis heureux. Il y a eu un temps où je croyais avoir atteint l'extrémité de la douleur. Eh bien! non, on peut encore aller plus loin. Au bout de cette contrée, c'est un bonheur stérile et magnifique. Regarde-moi.

Elle se tourne vers lui.

Je ris, Cæsonia, quand je pense que, pendant des années, Rome tout entière a évité de prononcer le nom de Drusilla. Car Rome s'est trompée pendant des années. L'amour ne m'est pas suffisant, c'est cela que j'ai compris alors. C'est cela que je comprends aujourd'hui encore en te regardant. Aimer un être, c'est accepter de vieillir avec lui. Je ne suis pas capable de cet amour. Drusilla vieille, c'était bien pis que Drusilla morte. On croit qu'un homme souffre parce que l'être qu'il aime meurt en un jour. Mais sa vraie souffrance est moins futile : c'est de s'apercevoir que le chagrin non plus ne dure pas. Même la douleur est privée de sens.

Tu vois, je n'avais pas d'excuses, pas même l'ombre d'un amour, ni l'amertume de la mélancolie. Je suis sans alibi. Mais aujourd'hui, me voilà encore plus libre qu'il y a des années, libéré que je suis du souvenir et de l'illusion. (*Il rit d'une façon passionnée.*) Je sais que rien ne dure ! Savoir cela ! Nous sommes deux ou trois dans l'histoire à en avoir fait vraiment l'expérience, accompli ce bonheur dément. Cæsonia, tu as suivi jusqu'au bout une bien curieuse tragédie. Il est temps que pour toi le rideau se baisse.

Il passe à nouveau derrière elle et passe son avant-bras autour du cou de Cæsonia.

CÆSONIA, *avec effroi.*

Est-ce donc du bonheur, cette liberté épouvantable ?

CALIGULA, *écrasant peu à peu de son bras la gorge de Cæsonia.*

Sois-en sûre, Cæsonia. Sans elle, j'eusse été un homme satisfait. Grâce à elle, j'ai conquis la divine

clairvoyance du solitaire. (*Il s'exalte de plus en plus,
étranglant peu à peu Cæsonia qui se laisse aller sans résistance,
les mains un peu offertes en avant. Il lui parle, penché sur son
oreille.*) Je vis, je tue, j'exerce le pouvoir délirant du
destructeur, auprès de quoi celui du créateur paraît
une singerie. C'est cela, être heureux. C'est cela le
bonheur, cette insupportable délivrance, cet universel
mépris, le sang, la haine autour de moi, cet isolement
non pareil de l'homme qui tient toute sa vie sous son
regard, la joie démesurée de l'assassin impuni, cette
logique implacable qui broie des vies humaines (*il rit*),
qui te broie, Cæsonia, pour parfaire enfin la solitude
éternelle que je désire.

CÆSONIA, *se débattant faiblement.*

Caïus !

CALIGULA, *de plus en plus exalté.*

Non, pas de tendresse. Il faut en finir, car le temps
presse. Le temps presse, chère Cæsonia !

> *Cæsonia râle. Caligula la traîne sur le lit où il la
> laisse tomber.*
> *La regardant d'un air égaré, d'une voix rauque.*

Et toi aussi, tu étais coupable. Mais tuer n'est pas la
solution [4].

SCÈNE XIV

Il tourne sur lui-même, hagard, va vers le miroir.

CALIGULA

Caligula! Toi aussi, toi aussi, tu es coupable. Alors, n'est-ce pas, un peu plus, un peu moins! Mais qui oserait me condamner dans ce monde sans juge, où personne n'est innocent! (*Avec tout l'accent de la détresse, se pressant contre le miroir.*) Tu le vois bien, Hélicon n'est pas venu. Je n'aurai pas la lune. Mais qu'il est amer d'avoir raison et de devoir aller jusqu'à la consommation. Car j'ai peur de la consommation. Des bruits d'armes! C'est l'innocence qui prépare son triomphe. Que ne suis-je à leur place! J'ai peur. Quel dégoût, après avoir méprisé les autres, de se sentir la même lâcheté dans l'âme. Mais cela ne fait rien. La peur non plus ne dure pas. Je vais retrouver ce grand vide où le cœur s'apaise.

> *Il recule un peu, revient vers le miroir. Il semble plus calme. Il recommence à parler, mais d'une voix plus basse et plus concentrée.*

Tout a l'air si compliqué. Tout est si simple pourtant. Si j'avais eu la lune, si l'amour suffisait, tout serait changé. Mais où étancher cette soif? Quel cœur, quel dieu auraient pour moi la profondeur d'un lac? (*S'agenouillant et pleurant.*) Rien dans ce monde, ni dans l'autre, qui soit à ma mesure. Je sais pourtant, et tu le sais aussi (*il tend les mains vers le miroir en pleurant*), qu'il suffirait que l'impossible soit. L'impossible! Je l'ai cherché aux limites du monde, aux confins de moi-même. J'ai tendu mes mains (*criant*), je tends mes mains et c'est toi que je rencontre, toujours toi en face de moi, et je suis pour toi plein de haine. Je n'ai pas pris la voie qu'il fallait, je n'aboutis à rien. Ma liberté n'est pas la bonne[5]. Hélicon ! Hélicon ! Rien ! rien encore. Oh ! cette nuit est lourde ! Hélicon ne viendra pas : nous serons coupables à jamais ! Cette nuit est lourde comme la douleur humaine.

> *Des bruits d'armes et des chuchotements s'enten-*
> *dent en coulisse.*

> HÉLICON, *surgissant au fond.*

Garde-toi, Caïus ! Garde-toi !

> *Une main invisible poignarde Hélicon.*
> *Caligula se relève, prend un siège bas dans la*
> *main et approche du miroir en soufflant. Il s'observe,*
> *simule un bond en avant et, devant le mouvement*
> *symétrique de son double dans la glace, lance son*
> *siège à toute volée en hurlant :*

> CALIGULA

À l'histoire, Caligula, à l'histoire.

> *Le miroir se brise et, dans le même moment, par*
> *toutes les issues, entrent les conjurés en armes.*
> *Caligula leur fait face, avec un rire fou. Le vieux*
> *patricien le frappe dans le dos, Cherea en pleine*
> *figure. Le rire de Caligula se transforme en hoquets.*
> *Tous frappent. Dans un dernier hoquet, Caligula,*
> *riant et râlant, hurle* ·

Je suis encore vivant !

RIDEAU

DOSSIER

CHRONOLOGIE
1913-1960

1913. 7 novembre : naissance d'Albert Camus à Mondovı (Algérie) ; fils de Lucien Camus, ouvrier dans une exploitation vinicole, et de Catherine née Sintès.

1914. 2 août : début de la Grande Guerre. Lucien Camus est tué au front. Sa veuve vient s'installer à Alger, dans le quartier populaire de Belcourt (où habitera Meursault, le héros de *L'Étranger*). Avec ses deux enfants (Albert et son frère aîné), elle va mener une existence presque misérable.

1923. Albert Camus entre en qualité d'élève boursier au lycée d'Alger.

1929. Première lecture de Gide (*Les Nourritures terrestres*).

1930. Premières atteintes de la tuberculose.

1932. Hypokhâgne au lycée d'Alger. Jean Grenier est son professeur de philosophie. Il deviendra son ami.

1933. Milite dans un mouvement antifasciste.

1934. Il se marie et divorce deux ans plus tard. Adhère au Parti communiste.

1935. Commence à écrire *L'Envers et l'endroit,* suite de courts récits.

1936. Obtient le Diplôme d'études supérieures (équivalent de la maîtrise actuelle) en philosophie (sujet : « Métaphysique chrétienne et néoplatonisme »). En juillet commence la guerre d'Espagne. Avec quelques amis, Camus fonde le Théâtre du Travail, bientôt rebaptisé Théâtre de l'Équipe. Écrit (en collaboration) *Révolte dans les Asturies,* dont la représentation sera interdite.

1937. Journaliste à *Alger républicain.* Il publie *L'Envers et l'endroit* et commence un roman, *La Mort heureuse* (publication posthume), qui restera inachevé.

1938. Commence à écrire *Caligula,* esquissé l'année précédente.

1939. Publication de *Noces.* 3 septembre : début de la Seconde Guerre mondiale.

1940. Épouse Francine Faure, quitte l'Algérie pour la métropole. Termine *L'Étranger* et commence *Le Mythe de Sisyphe.*

1941. Termine *Le Mythe de Sisyphe.* Un premier état de *Caligula* (publication posthume) est prêt.

1942. Publication de *L'Étranger* et du *Mythe de Sisyphe.*

1943. Commence *Le Malentendu* et écrit la première *Lettre à un ami allemand.*

1944. Seconde *Lettre à un ami allemand.* dirige *Combat* avec Pascal Pia. Publication, en un seul volume, de *Caligula* et du *Malentendu.* Création au Théâtre des Mathurins du *Malentendu.*

1945. Après l'armistice (8 mai), Camus enquête sur les massacres de Sétif, en Algérie. 5 septembre : naissance de Jean et Catherine Camus et première représentation au Théâtre Hébertot de *Caligula ;* Gérard Philipe triomphe dans le rôle principal.

1946. Renonce à la direction de *Combat.*

1947. Publication de *La Peste.*

1948. Représentation (et échec) de *L'État de siège,* écrit en collaboration avec Jean-Louis Barrault.

1949. Graves ennuis de santé. Création des *Justes.*

1950. Reprise de *Caligula* au Théâtre Hébertot.

1951. Publication de *L'Homme révolté,* auquel il travaille depuis 1943.

1954. Publication de *L'Été,* textes écrits de 1939 à 1953. Novembre : début de la guerre d'Algérie.

1955. Adaptation d'*Un cas intéressant,* de Dino Buzzati. Collaboration à la revue *L'Express.*

1956. Appel à la trêve civile en Algérie. Cesse de collaborer à *L'Express.* Adaptation et création de *Requiem pour une nonne,* de Faulkner. Publication de *La Chute.*

1957. Publication de *L'Exil et le royaume.* Reprise de *Caligula* au Festival d'Angers. Camus reçoit le Prix Nobel de littérature.

1958. Réédition de *L'Envers et l'endroit.* Nouveaux ennuis de santé.

1959. Adaptation et représentation des *Possédés,* de Dostoïevski.

1960. 4 janvier : Camus meurt dans un accident d'automobile, près de Montereau. Enterré à Lourmarin, où il avait acheté une maison quelques mois plus tôt.

NOTICE

Note sur le texte

Nous résumons ici les principales étapes de la composition de la pièce évoquées dans notre préface.

1939. Manuscrit 1 [1], qui donne de l'acte I et du début de l'acte II une version très différente de la version définitive [2]. La pièce, à ce stade, ne comporte que trois actes.

1939. Manuscrit 2. On désigne ainsi ce qui est en réalité, pour une grande part, une dactylographie du manuscrit 1.

1939-1941. Manuscrits 3 et 4, comprenant de nombreux ajouts. La pièce compte désormais quatre actes.

1941. État de la pièce tel que le publiera A. James Arnold [3].

1944. Première édition de *Caligula*, d'abord couplé avec *Le Malentendu* (mai), puis seul.

1945. Première représentation au Théâtre Hébertot (26 septembre).

1947. Ajout de la scène 4 de l'acte III et des scènes 1 et 2 de l'acte IV. Nouvelle édition.

1957. Nouvelles modifications à l'occasion du Festival d'Angers.

1958. Petites retouches à l'occasion de la reprise de la pièce au

---

1. Ce classement des manuscrits est celui de Roger Quilliot dans son édition de la Pléiade.

2. Voir les annexes, p. 189.

3. Voir bibliographie. A. James Arnold appelle Version A celle de 1939 et Version B celle de 1941.

Nouveau Théâtre de Paris. Édition de *Le Malentendu* suivi de *Caligula*, « nouvelles versions ». Cette édition ne prend toutefois pas en compte les modifications de 1957. Le volume est dédié « À mes amis du Théâtre de l'Équipe » (dédicace initialement prévue pour *Le Malentendu*). Notre édition suit le texte de celle de 1958.

Réception et fortune de la pièce

Au lendemain de la première de *Caligula*, Camus se désole : « Trente articles. La raison des louanges est aussi mauvaise que celle des critiques. À peine une ou deux voix authentiques ou émues [1]. » Dans la plupart de ces articles se démêlent difficilement les louanges ou critiques adressées à la pièce et celles qui visent sa mise en scène et son interprétation. La révélation du talent de Gérard Philipe, souvent, occulte tout le reste. La révélation de Camus au public date, elle, de 1942, année de *L'Étranger* et du *Mythe de Sisyphe* : inévitablement, ces deux œuvres éclairent le sens de *Caligula*. Enfin, la chute récente de Hitler oriente les sensibilités. Glissant sur les plus grossiers contresens commis à propos du prétendu existentialisme de Camus (voir notre préface, p. 25), nous nous attacherons à deux analyses significatives.

L'une, écrite par Jean du Rostu avant la première représentation de la pièce, paraît dans la revue *Études* (numéros d'octobre et novembre 1945). Elle s'intitule « Un Pascal sans Christ, Albert Camus ». Insistant sur le « côté émotionnel » du *Mythe de Sisyphe*, Jean du Rostu dégage de l'essai, au-delà de la question du suicide présentée par Camus comme le seul problème philosophique sérieux, son obsession de la mort. Aussi bien son œuvre proprement littéraire apparaît-elle comme une « danse macabre ». « Après *L'Étranger*, roman gris, et *Le Malentendu*, pièce très noire, *Caligula*, rouge et or, fait éclater le triomphe de l'absurde délirant. » La « mortelle hantise de la mort » y devient meurtrière. On le voit notamment à l'issue de cette scène entre Caligula et Cherea qui pourrait faire bifurquer l'action : « Après *Cinna ou la Clémence d'Auguste*, aurions-nous *Cherea ou la Clémence de Caligula* ? Il serait naïf

1. *Carnets*, II (janvier 1942-mars 1951), 1964, p. 152 (à la date de : octobre 1945).

de le croire : ni pardon, ni clémence, ni vertu. » Aux yeux de Jean
du Rostu, la sympathie vers laquelle nous inclinerait l'écrivain du
Mythe de Sisyphe s'efface du moment que nous pensons à un héros de
roman ou, à plus forte raison, que nous voyons un personnage de
théâtre : « Nous cessons d'être interlocuteurs privilégiés pour
devenir grand public, et l'indulgence permise en face d'un cas
exceptionnel dont nous avions l'impression d'être le confident
deviendrait socialement coupable à l'heure des généralisations. »
C'est dans les éditoriaux de *Combat* que Jean du Rostu trouve, pour
finir, les raisons d'espérer que Camus, qui considère ce qui
« abaisse » l'homme plutôt que ce qui l'« élève », s'apercevra un
jour que « l'homme passe infiniment l'homme ».

L'autre étude, de Francis Crémieux, est publiée dans le numéro 1
de la revue *Europe* (janvier 1946). Écrite après la première
représentation, elle se dégage déjà de ses contingences. « Au lever
du rideau, quand les lumières de la salle s'éteignent et que le
spectateur a refermé son programme, il doit choisir entre ce qu'il a
lu et ce qu'il va voir. Si l'argument philosophique de la pièce
l'emporte sur sa théâtralité, le spectateur va alors accepter ou
refuser sa philosophie. Mais si au contraire il considère, au-delà des
principes qui la soutiennent, le fait théâtral que représente la pièce,
il la suivra de la même façon qu'il a suivi une œuvre d'Ibsen ou de
Giraudoux. » Voyant dans la figure de l'empereur un moteur
dramaturgique « d'autant plus puissant qu'il se donne à lui-même
la réplique pour accélérer sa vitesse », Francis Crémieux justifie les
« agréables divertissements » que se donne l'empereur comme
autant de « gags » qui permettent au public de respirer. Puisque
l'empereur vit devant nos yeux son existence de fou, on ne saurait
parler de « pièce à thèse » ou de « pièce à idées » : *Caligula* se
déroule suivant la liberté que Camus a donnée à son personnage,
comme la toupie sous l'effet du mouvement qu'on lui a imprimé.
« Le personnage vit sur ses réserves ; jamais ficelles ou conventions
artificielles ne viennent prolonger le drame. » Et, sans échapper au
rapprochement abusif de l'« existentialisme » des deux auteurs,
Francis Crémieux compare *Caligula* aux *Bouches inutiles*, de Simone
de Beauvoir, créé à quelques jours d'intervalle. Tandis que chez
Camus domine un personnage, Beauvoir décentralise les « foyers
dramatiques », mais les « qualités théâtrales » de sa pièce sont
« moins prenantes que les bonds et les rictus de Caligula ».

Parmi les critiques qui acceptent pleinement que la pièce de

Camus offre un message philosophique, peu y ont trouvé autant que Francis Crémieux le ressort d'une vraie dramaturgie. Pour Marc Beigbeder (*Le Théâtre en France depuis la Libération*), si *Caligula* est le chef-d'œuvre au théâtre d'Albert Camus, et même « un chef-d'œuvre tout court », la pièce le doit à « l'interférence du cabaret ». Quant au fond, Raymond Gay-Crosier y voit « une sorte de pièce de circonstance composée au terme d'une crise intellectuelle décisive, ce qui explique les multiples modifications qu'elle a subies » (*Les Envers d'un échec. Étude sur le théâtre d'Albert Camus*, p. 77). Ilona Coombs pense que « charme, gaieté, bouffonnerie, sont des traits que l'on n'a que trop négligés en faveur du message philosophique et qui pourtant expliquent la fascination qu'exerce Caligula sur le public » (*Camus, homme de théâtre*, p. 87).

Cette fascination explique que *Caligula* soit, parmi les pièces de Camus, la plus souvent représentée. Elle est aussi au centre de toutes les réflexions sur les rapports qu'entretiennent chez lui la notion de l'absurde et les problèmes du théâtre. Au colloque d'Amiens de 1988 (voir bibliographie), cinq communications sont exclusivement consacrées à *Caligula* — aux *Caligula*, faudrait-il dire : A. James Arnold, en cette occasion encore, plaide pour que trouve droit de cité ce *Caligula* de 1941 qu'il a contribué à faire connaître. Pièce instable, sans cesse retouchée, *Caligula* témoigne en faveur de la passion pour la scène de Camus plutôt que de sa maîtrise dramaturgique ; mais elle reflète aussi une pensée inquiète, capable de toujours remettre ses vérités en question. Le contraire d'une pièce à thèse, décidément.

HISTORIQUE DE LA MISE EN SCÈNE

Le Théâtre de l'Équipe venait d'interpréter en mai 1938, à Alger, l'adaptation de Jacques Copeau des *Frères Karamazov*. Albert Camus, son fondateur, y tenait le rôle d'Ivan. Aussitôt, il songe à la distribution de son prochain spectacle, *Caligula,* qu'il a sinon déjà écrit, du moins conçu dans ses grandes lignes. Il envisage de tenir lui-même le rôle de Caligula ; Charles Poncet sera Cherea ; Jeanne Sicard (qui plus tard fera carrière dans la politique), Cæsonia ; Jean Négroni (seul futur acteur professionnel), Scipion. Camus n'a pas encore imaginé le rôle d'Hélicon. Mais le Théâtre de l'Équipe se dissoudra avant que la pièce ne soit au point.

Quand sont imprimées, pendant la guerre, les premières épreuves de *Caligula,* Jean-Louis Barrault s'y intéresse : « En 1943, Gaston Gallimard me fit parvenir un manuscrit qui m'enthousiasma, c'était *Caligula.* Malheureusement je faisais partie de la Comédie-Française et, malgré mon envie, je ne pus pas monter la première œuvre dramatique d'Albert Camus. Mais nous fîmes connaissance et j'y gagnai une amitié. » À l'automne de la même année, Jean Vilar envisage de monter la pièce avec la Compagnie des Sept, mais des difficultés matérielles feront encore échouer le projet.

Caligula est représenté pour la première fois le 26 septembre 1945, au Théâtre Hébertot, dans une mise en scène de Paul Œttly. Si « Œttly s'imposa sans conteste pour décider du jeu des acteurs et des décors », Camus, « paraissant ne rien connaître de la technique ni des mécanismes de la mise en scène, se tenait à l'écart pour dire son mot toutes les fois que le texte était en cause [1] ». Le rôle de

---

1. Herbert L. Lottman, *Albert Camus,* p. 379-380. Pour la distribution complète, voir p. 33.

l'empereur était tenu par un acteur peu connu de vingt-trois ans, Gérard Philipe. « Caligula le rendit célèbre, témoigne Georges Perros, et ce fut comme un long et décisif coup de fouet sur la vie théâtrale parisienne, qui a toujours tendance à s'endormir. Il " fallait " l'avoir vu jouer cet empereur sulfureux[1]. » Gérard Philipe a raconté lui-même comment, en apprenant que Jacques Hébertot allait monter *Caligula*, il tenta sa chance. Mais Hébertot lui trouvait l'air fatigué. De toute façon, objectait-il, « tu es un ange, pas un démon ! ». Gérard Philipe dut à la défection d'Henri Rollan, victime d'une insolation en Afrique, de tenir tout de même le rôle[2]. Margo Lion, qui jouait Cæsonia, se rappelle qu'elle fut d'abord inquiète d'être dotée à l'improviste d'un partenaire aussi peu expérimenté. Mais elle fut conquise dès la première lecture ; quand commencèrent les représentations, il montrait un véritable génie pour surmonter ses ennuis privés ou pallier les accidents qui pouvaient survenir au cours de la pièce, comme une panne d'électricité. Parmi le public, Marlene Dietrich viendra assister à plusieurs représentations, et René Clair y verra pour la première fois celui qui allait devenir ensuite son interprète et son ami[3]. Alyette Samazeuilh, qui avait exécuté les costumes sous la direction de Marie Viton, témoigne de son côté que le plateau, les décors et les costumes ne coûtèrent pas cher à Jacques Hébertot[4] ; le franc succès obtenu par la pièce à Paris (il n'en alla pas tout à fait de même en province) couvrit les dépenses au-delà de toute espérance. Gérard Philipe, enfin, se rappelle qu'à l'époque où il jouait *Caligula*, il tournait aussi dans *L'Idiot*, un film de Georges Lampin : « Il y a eu un équilibre certain à ce moment-là entre cette force du mal pure qu'était Caligula, et cette force du bien pur qu'était l'Idiot [...]. Les deux personnages se complétaient en effet : le Prince du Bien et le Prince du Mal qui, tous deux, se rejoignaient finalement dans une pureté exacerbée[5]. »

Le succès des représentations de *Caligula* auprès de la presse fut d'abord celui de Gérard Philipe qui, selon Raymond Cogniat (*Arts*, 28 septembre 1945), « au lieu d'un empereur conventionnel nous

1. *Gérard Philipe. Souvenirs et témoignages*, recueillis par Anne Philipe et présentés par Claude Roy, Gallimard, 1960, p. 48.
2. Voir *ibid.*, p. 55.
3. Voir *ibid.*, p. 56-60.
4. Voir *ibid.*, p. 59.
5. Cité dans Roger Grenier, *Albert Camus. Soleil et ombre*, p. 123.

donne une manière d'Hamlet plus inquiétant mais non moins tourmenté, non moins obsédé de l'explication du monde et de soi-même ». Mais le compte rendu de *Arts* salue aussi le « refus de tout réalisme » dans le travail de Marie Viton qui, « au lieu de rechercher pour les costumes une reconstitution plus ou moins exacte de l'Antiquité romaine, s'est inspirée des fresques de Tavant [1] ». Au total, « l'ensemble est étonnamment pictural ». Pour Pierre Loewel (*Les Lettres françaises*, 6 octobre 1945), Gérard Philipe « supporte et exhausse tout le poids du spectacle ». La presse spécialisée n'a guère d'yeux pour un acteur de dix-neuf ans qui tient le rôle de Scipion et qui fera aussi une belle carrière : Michel Bouquet.

Quand la pièce sera reprise au Théâtre Hébertot en 1950, le rôle de Caligula sera tenu par Michel Herbault. En 1957, au Festival d'Angers, Michel Auclair joue Caligula ; Marguerite Jamois, Cæsonia ; Jean-Pierre Jorris, Hélicon ; Denis Manuel, Scipion ; Henri Etcheverry, puis Jean-Pierre Marielle, Cherea [2]. Camus modifie le texte, abrégeant le rôle de Caligula, étoffant celui d'Hélicon, et donnant de nombreuses indications de décors et de mises en scène. « Erreur scénique », pour Morvan Lebesque [3] : « étrange entre-prise, en vérité, une conspiration feutrée sous les Césars jetée aux quatre vents d'un château Renaissance. » Le texte reçoit de nouvelles retouches, en 1958, pour sa reprise au Nouveau Théâtre de Paris, dirigé par Elvire Popesco et Hubert de Malet, « avec de jeunes comédiens, sur une scène d'essai, assez semblable à la scène pour laquelle elle avait été écrite », précise Camus dans le programme des représentations. Jean-Pierre Jorris tient cette fois le rôle de Caligula, Helena Bossis celui de Cæsonia. Les retouches concernent surtout les rôles des patriciens, dont la caricature est accusée.

Après la mort de Camus, Jean-Pierre Jorris tient à nouveau le rôle de Caligula dans une reprise de la pièce au Théâtre des Galeries de Bruxelles, en 1962. Le décor de Jacques Van Nerom retient principalement l'attention des critiques : « décor unique, mégalithique, auquel les éclairages d'Auguste Lodewijck donnaient l'illusion d'être multiple, décor inquiétant avec l'amorce de ses

1. Ces fresques qui décorent l'église Saint-Nicolas, à Tavant (Indre-et-Loire), sont du XIe ou XIIe siècle.
2. Pour plus de détails, voir *Théâtre, récits, nouvelles,* Pléiade, p. 1778 et suiv.
3. *Camus,* « Génies et réalités », 1964, p. 178.

hauts couloirs sombres où se trame toujours quelque complot, décor théâtral avec ce monumental escalier qui traverse tout le plateau et qui assure, comme au music-hall, le maximum d'effets aux protagonistes qui l'escaladent et le descendent » (P. Godefroy, *Les Lettres françaises,* 7 décembre 1962). Dans l'ensemble, la critique souligne la froideur de la pièce.

Après deux séries de représentations, en 1964 et 1969, aux Tréteaux de France de Sarcelles, avec Jacques Goasguen dans le rôle de l'empereur, il faut surtout signaler les représentations données à la Maison de la Culture de Nantes, en 1970, dans une mise en scène de Georges Vitaly (qui jouait Hélicon lors de la création de la pièce, en 1945) ; Jean-Pierre Leroux tient cette fois le rôle de Caligula. La troupe de Vitaly effectue une longue tournée dans les universités américaines, faisant applaudir la pièce par plus de cent mille spectateurs. Georges Vitaly avait voulu une mise en scène très simple, implantée dans un décor en forme d'arène où les acteurs s'entre-déchireraient. « Tous les personnages sont des gladiateurs qui défendent leur peau », expliquait-il. Ces intentions ne sont guère comprises de la critique quand il redonne la pièce à Paris en 1971, au Théâtre La Bruyère. Les moues des critiques s'adressent indistinctement à la pièce et à sa mise en scène. Dans *Le Figaro* (23 septembre 1971), Jean-Jacques Gautier s'avoue ému parce qu'il a connu la personne humaine de Camus, mais s'interroge sur le succès de la pièce auprès des générations suivantes ; quant à la mise en scène, « peut-être M. Georges Vitaly aurait-il pu éviter que ce ne soit joué comme on faisait si volontiers dans les années qui suivirent la guerre : tout le monde criant tout le temps, et arrivant ainsi à la véhémence soutenue d'un tissu sonore tendu si l'on veut, mais sans air et combien monotone ». Matthieu Galey regrette dans *Combat* (24 septembre 1971) que l'inévitable peplum soit « remplacé par des peignoirs de bain et des minijupes d'une laideur si provocante qu'elle doit être voulue ! ». Dans *Le Monde* (24 septembre 1971), Bertrand Poirot-Delpech parle d'une « impression de rétrospective vieillotte, que le jeu odéonesque de certains patriciens et le style opérette de Cæsonia portent parfois au bord du ridicule ».

Bernard de Coster met *Caligula* en scène en 1976 avec l'équipe du Point Carré (Jean-Philippe Harmel joue le rôle principal), Gérard Carrat la présente en 1977 à la Comédie de Genève (François Germond est Caligula), et Daniel Scahaise, la même année, aux

Galeries de Bruxelles (Roger Van Hool est Caligula). De la mise en
scène de Genève, la critique retiendra surtout la reconstitution
romaine à la David, avec des éclairages modelant les draperies et
accentuant les visages ; de celle des Galeries, l'anachronisme des
costumes, qui facilite le lien avec notre époque. A. James Arnold
nous signale aussi [1] le *Caligula* de Patrick Guinand joué au Jeune
Théâtre National en 1981, dans une mise en scène résolument
« jeune » où Caligula serait « Rimbaud et Hitler à la fois ».
« Caligula Rock Star », titrait un magazine parisien pour rendre
compte de cette audacieuse tentative...

À l'automne de 1991, *Caligula* est affiché au Théâtre 14 « Jean-
Marie Serreau » dans une mise en scène de Jacques Rosny, qui sera
reprise à Versailles et au Théâtre des Mathurins. Emmanuel
Dechartre, qui avait auparavant incarné l' « Idiot » (d'après
Dostoïevski), Britannicus, le Prince de Hombourg, Lorenzaccio et
Chatterton, tient le rôle de Caligula. Comme Gérard Philipe jadis,
il se dit sensible à l'opposition entre le Prince Mychkine, « ange de
pureté et de lumière », et Caligula, « ange de la mort ». Mais tous
deux sont des anges. À ses côtés, Pascale Roberts est Cæsonia ;
Philippe Bouclet, Cherea (Jacques Rosny reprendra le rôle à
Versailles et aux Mathurins) ; Mathieu Roze, Scipion ; Jean-Paul
Bazziconi, Hélicon.

Le 15 février 1992, *Caligula* entre à la Comédie-Française. Dès
1957, Camus avait négocié avec Pierre Descaves, administrateur du
Français, l'inscription de sa pièce au répertoire. Reprises en 1960,
après sa mort, avec Maurice Escande, les négociations n'aboutiront
pas davantage. En 1992, la mise en scène de la pièce est confiée à
Youssef Chahine. Jean-Yves Dubois tient le rôle de Caligula ;
Martine Chevallier est Cæsonia ; Michel Favory, Cherea ; Lilah
Dadi, Scipion ; Nicolas Silberg, Hélicon. Catherine Samie joue le
rôle du vieux patricien. Confier à une femme le rôle du dignitaire
traité d'efféminé par Caligula donne à ces injures une justification
qui va sans doute à l'encontre des intentions de Camus. Mais le
décor de Françoise Darne, juxtaposant ruines romaines et pan-
neaux où se profilent des gratte-ciel, autant que les costumes
intemporels de Jean-Pierre Delifer, évitent heureusement tout ce
qui pourrait ressembler à une reconstitution historique. La mise en

---

1. « Camus et la critique théâtrale : l'exemple de *Caligula* », dans *Albert
Camus et le théâtre* (voir bibliographie), p. 35-43.

scène de Chahine, violente, hystérique, moderniste, tire beaucoup
de ses effets du cinéma.

Nous venons d'évoquer les principales mises en scène de *Caligula*
en France. A. James Arnold [1] évoque de son côté, outre la tournée
dans les universités américaines de la troupe de Vitaly, à laquelle
nous avons fait allusion, quelques mises en scène plus dépaysantes,
comme cette représentation du premier acte de la pièce, en 1949, au
Théâtre Ginastico de Rio de Janeiro. Convié à cette représentation
« afro-brésilienne », Camus s'avoua déconcerté au spectacle de ces
« Romains noirs ». En 1983, le metteur en scène italien Maurizio
Scaparro inaugura le Théâtre municipal de Rome avec *Caligula*. Il
prit l'exact contre-pied de la mise en scène diffusée l'année
précédente par la télévision nationale italienne, qui sacrifiait au
« genre romain », et choisit la version de 1941, afin que la pièce fût
débarrassée de sa charge politique et que l'empereur redevînt,
comme l'exprimait un compte rendu d'un journal italien au
lendemain de la première, « un surhomme à la recherche d'une
utopie ».

1. *Ibid.*

BIBLIOGRAPHIE

1. *Éditions critiques de* Caligula.

Dans Albert Camus, *Théâtre, récits, nouvelles,* préface par Jean
   Grenier, textes établis et annotés par Roger Quilliot, Bibliothèque de la Pléiade, Gallimard, 1962.
Cahiers Albert Camus, 4. Caligula. Version de 1941, suivi de *La Poétique
   du premier Caligula,* par A. James Arnold, Gallimard, 1984.

2. *Autres textes de Camus.*

Carnets : Tome I : *Mai 1935-février 1942,* Gallimard, 1962 ; Tome II
   Janvier 1942-mars 1951, Gallimard, 1964 ; Tome III : *Mars 1951
   décembre 1959,* Gallimard, 1989.
Correspondance Albert Camus-Jean Grenier (1932-1960), Gallimard,
   1981

3. *Ouvrages critiques (par ordre chronologique).*

LEBESQUE Morvan, *Camus par lui-même,* coll. « Écrivains de toujours », Le Seuil, 1963.
Albert Camus, coll. « Génies et réalités », Hachette, 1964 (voir
   notamment l'article de Morvan Lebesque : « La passion pour la
   scène »).
NICOLAS André, *Albert Camus ou le vrai Prométhée,* coll. « Philosophes
   de tous les temps », Seghers, 1966 (rééd. 1973).

GAY-CROSIER Raymond, *Les Envers d'un échec. Étude sur le théâtre d'Albert Camus,* coll. « Lettres modernes », Minard, 1967.

GRENIER Jean, *Albert Camus. Souvenirs,* Gallimard, 1968.

COOMBS Ilona, *Camus, homme de théâtre,* Nizet, 1968.

CLAYTON Alan J., *Étapes d'un itinéraire spirituel. Albert Camus de 1937 à 1944,* « Archives des lettres modernes », Minard, 1971.

FREEMAN Edward, *The Theater of Albert Camus. A Critical Study,* Methuen & Co, London, 1971.

Albert Camus. Le Théâtre, études réunies par Raymond Gay-Crosier, sous la direction de Brian T. Fitch, « La Revue des lettres modernes », n° 7 de la série « Albert Camus », 1975.

LOTTMAN Herbert R., *Albert Camus,* trad. française : Le Seuil, 1978.

GRENIER Roger, *Albert Camus. Soleil et ombre. Une biographie intellectuelle,* Gallimard, 1987; Folio, 1991.

Albert Camus et le théâtre. Textes réunis par Jacqueline Lévi-Valensi (actes du colloque tenu à Amiens du 31 mai au 2 juin 1988), IMEC Éditions, 1992.

4. *Ouvrages généraux.*

BEIGBEDER Marc, *Le Théâtre en France depuis la Libération,* Bordas, 1959.

SERREAU Geneviève, *Histoire du « nouveau théâtre »,* 1966; coll. « Idées », Gallimard, 1981.

ANNEXES

PREMIÈRES VERSIONS
DE L'ACTE I ET DE L'ACTE II (sc. 1 et 2)

Nous donnons ici les versions de l'acte I et des scènes 1 et 2 de l'acte II telles qu'elles figuraient sur les premiers manuscrits, jusqu'en 1939, et reproduites par Roger Quilliot dans l'édition de *Théâtre, récits, nouvelles* d'Albert Camus, Bibliothèque de la Pléiade. Roger Quilliot distingue le manuscrit 1 et le manuscrit 2. À sa suite, nous plaçons en caractères romains entre crochets les fragments qui ont disparu du ms. 1 au ms. 2, et en italiques entre crochets les fragments qui n'apparaissent qu'au ms. 2. Les indications de décor sont demeurées identiques jusqu'en 1944 inclusivement.

DÉCOR : Il n'a pas d'importance. Tout est permis, sauf le genre romain.

PERSONNAGES ·

CALIGULA, de 25 à 29 ans.
CÆSONIA, maîtresse de Caligula, 30 ans.
[« *HÉLICON familier de Caligula, 30 ans* ».]
LE JEUNE SCIPION, 17 ans.
CHEREA, 30 ans.
LE VIEUX PATRICIEN, 71 ans.

MEREIA, 60 ans
[PRÆTEXTUS 40 ans.]
MUCIUS, 33 ans.
L'INTENDANT, 50 ans.
PREMIER PATRICIEN
DEUXIÈME PATRICIEN } de 40 à 60 ans.
TROISIÈME PATRICIEN
CHEVALIERS, GARDES, SERVITEURS.

Le premier, le troisième et le quatrième acte se passent dans une salle du palais impérial. On y voit un miroir (grandeur d'homme), un gong et un lit-siège.

Le second acte dans une salle à manger de Cherea.

Note I. Caligula est un homme très jeune. Il est moins laid qu'on ne le pense généralement.

Grand, mince, son corps est un peu voûté, sa figure enfantine.

Note II. En dehors des « fantaisies » de Caligula, rien ici n'est historique. Ses mots sont authentiques, leur exploitation ne l'est pas.

ACTE I

Désespoir de Caligula

SCÈNE I[1]

PREMIER SÉNATEUR : Il n'est pas encore revenu ?

DEUXIÈME SÉNATEUR : Non.

TROISIÈME SÉNATEUR : On l'a recherché dans toute la campagne. Des courriers sont partis.

DEUXIÈME S. : Voilà déjà trois jours qu'il s'est enfui.

PREMIER S. : Oui, je l'ai vu passer. Il avait le regard d'une bête blessée.

---

1. Tout ce début, jusqu'à l'entrée de Caligula, est joué très vite.

DEUXIÈME S. : C'est inquiétant.

PREMIER S. : Non, tous les jeunes gens se ressemblent.

TROISIÈME S. : Bien entendu. L'âge efface tout.

DEUXIÈME S. : Vous croyez ?

TROISIÈME S. : Mais oui. Les peines d'amour ne durent pas.

PREMIER S. : Il oubliera.

DEUXIÈME S. : C'est vrai, une de perdue, dix de retrouvées.

TROISIÈME S. : Êtes-vous capable de souffrir plus d'un an ?

PREMIER S. : Moi, non.

TROISIÈME S. : Personne n'a ce pouvoir.

DEUXIÈME S. : Heureusement, la vie serait impossible.

TROISIÈME S. : Vous voyez bien. Tenez, moi, j'ai perdu ma femme l'an passé. J'ai beaucoup pleuré. Et puis j'ai oublié. De temps en temps, j'ai de la peine. Mais surtout quand je pense qu'elle m'a laissé seul.

PREMIER S. : C'est naturel.

Entrent Cherea et Hélicon.

SCÈNE II

PREMIER S. : Alors ?

CHEREA : Toujours rien.

TROISIÈME S. : Il reviendra bien.

CHEREA : Mais est-ce bien lui qui reviendra ?

TROISIÈME S. : Que veux-tu dire ?

CHEREA : Rien. Ne réfléchis pas.

PREMIER S. : Je ne comprends pas.

CHEREA : C'est le contraire qui m'étonnerait. Ne te force pas. En attendant, nous n'avions pas besoin de cela... Caligula était l'empereur idéal. Après Tibère, la nécessité s'en faisait sentir.

[*Cherea : Mais est-ce bien lui qui reviendra ?*

Troisième s. : Que veux-tu dire ?

Cherea : Rien.

Hélicon : De toutes façons, ne nous affolons pas.

Deuxième s. : Mais oui.

Hélicon : Ne nous affolons pas. C'est l'heure du déjeuner.

Cherea : Nous n'avions pas besoin de cela...]

PREMIER S. : Oui. Personne comme Caïus n'a montré tant de grandeur et de noblesse dans les sentiments.

TROISIÈME S. : Mais enfin, qu'avez-vous ? Cela ne l'empêchera pas de continuer. Il aimait Drusilla, d'accord [rayé] c'est vrai. Mais tout de même ! C'était sa sœur après tout. Coucher avec sa sœur, c'est déjà exagéré. Mais faire une maladie parce qu'elle est morte, c'est nettement abusif.

DEUXIÈME S. : Oui. Et si la raison d'État peut admettre l'inceste, elle doit être sans pitié s'il se retourne contre l'État lui-même.

CHEREA : Bon, bon. Nous ne sommes pas au Sénat. Chacun sait, Patricius, que si ta sœur n'était pas si laide, tu n'aurais pas tant de vues ingénieuses sur la raison d'État.

Entre le jeune Scipion. Cherea va vers lui.

SCÈNE III

CHEREA : Alors ?

SCIPION : Encore rien. Des paysans ont cru le voir dans la nuit d'hier, près d'ici, courant à travers l'orage.

Cherea se détourne.

TROISIÈME S. : Cela fait trois jours qu'il s'est enfui ?

SCIPION : Oui. Tout de suite après avoir vu le corps de Drusilla. J'étais là. J'ai toujours été son ami. Il s'est avancé et il a touché le cadavre. Il a poussé une sorte de petit cri et il s'est enfui sans tourner la tête. Depuis, on court après lui.

CHEREA : Ce garçon aimait trop la littérature.

TROISIÈME S. : C'est de son âge.

CHEREA : Oui [barré], mais ce n'est pas de son rang. Un empereur artiste. Nous en avons eu un ou deux, bien sûr. Des brebis galeuses. Les autres, du moins, avaient le bon goût de rester des [adjudants] militaires.

PREMIER S. : En tout cas, c'était plus reposant.

SCIPION *(à Cherea)* : Dites, il faut faire quelque chose.

CHEREA : Oui, il faut attendre.

TROISIÈME S. : S'il ne revient pas, nous le remplacerons. Ce ne sont pas les empereurs qui nous manquent.

DEUXIÈME S. : Non, nous manquons seulement de caractères.

CHEREA : Et s'il revient mal disposé ?

TROISIÈME S. : Eh bien, c'est encore un enfant, nous le mettrons à la raison.

CHEREA : Et s'il n'entend pas raison ?

TROISIÈME S. : Ma foi, j'ai écrit dans le temps un traité du coup d'État.

CHEREA : Voilà la première chose intelligente que tu aies dite depuis ce matin. Oui, j'ai besoin d'un empereur paisible. D'abord, j'ai un roman à finir.

SCIPION : Je vous demande pardon.

Il sort.

CHEREA : Il est offusqué.

PREMIER S. : C'est un enfant. Et les jeunes gens sont solidaires.

Ils sortent.

SCÈNE IV

La scène reste vide quelques secondes. Caligula entre furtivement par la gauche. Il est égaré, sale, il a les cheveux pleins d'eau et les jambes souillées. Sa bouche pend. Il porte plusieurs fois la main aux lèvres. Il avance vers le miroir et dès qu'il se voit s'arrête avec un petit rire. Puis il se parle gentiment.

CALIGULA : Monstre, Caligula. Monstre pour avoir trop aimé. *(Changeant de ton, avec sérieux.)* — J'ai couru, tu sais. C'est bien long, trois jours. Je n'en avais aucune idée, avant. Mais c'est ma faute. *(Avec une voix tout à coup douloureuse.)* — C'est ridicule de croire que l'amour répond à l'amour. Les êtres meurent dans vos mains, voilà la vérité. *(Il halète et se comprime les côtes.)* — Et quand ils sont morts, ça n'est plus eux. *(Il s'assoit et explique à son image.)* — Ce n'était plus elle. J'ai couru, tu sais. Je reviens de loin ! Je la portais sur mon dos. Elle, vivante, loin de son cadavre au visage d'étrangère. Elle était lourde. Elle était lourde et tiède. C'était son corps, sa vérité chaude et souple. Elle était encore à moi et elle m'aimait sur cette terre. *(Il se lève, soudain affairé.)* — Mais j'ai beaucoup à faire. Il faut encore que je l'emmène, loin, dans cette campagne qu'elle aimait. — [où elle marchait si justement que le balancement de ses épaules suivait pour moi la ligne des collines à l'horizon.]

> *Il s'arrête de plus en plus égaré. Il tourne le dos au miroir et s'appuie contre lui. Il ferme un moment les yeux. On entend sa respiration rauque. Il grommelle des paroles indistinctes.*

CALIGULA *(d'une voix à peine éveillée)* : Monstre, Caligula, monstre. Il faut partir maintenant. Qui peut vivre les mains vides, qui tenait jusque-là avec elles tout l'espoir du monde. Comment faire ? *(Il rit d'un rire faux.)* — Faire un contrat avec sa solitude, hein ? S'arranger avec sa vie. Se donner des raisons, se faire une petite vie et une consolation. Très peu pour Caligula. *(Il frappe du plat de la main sur le miroir.)* — Très peu pour toi, n'est-ce pas ?

> *On entend des voix. Caligula se redresse et regarde de tous côtés. Il prononce le nom de Drusilla, regarde le miroir et fuit le visage qui ricane devant lui. — Entre en courant le jeune Scipion suivi de Cæsonia [et d'Hélicon].*

SCÈNE V

SCIPION : Il n'y a personne.

[*Cæsonia : Hélicon, ne t'a-t-il rien dit hier au soir ?*

Hélicon : Je ne suis pas son confident. Je suis son spectateur.

Cæsonia : Je t'en prie, Hélicon.

Hélicon : Chère Cæsonia, Caïus est un sentimental. Tout le monde le sait. Et le sentiment, cela n'enrichit pas, cela se paie. Mais vous permettez, le déjeuner. (Il sort.)]

CÆSONIA *(essoufflée)* : Un garde l'a vu passer. Mais Rome tout entière voit Caligula partout. Et Caligula ne voit que l'ombre de Drusilla.

> *Elle s'assoit, douloureuse. — Silence.*

SCIPION : Dites, Cæsonia, l'aimait-il à ce point ?

CÆSONIA : C'est pire, mon petit. Il la désirait aussi.

SCIPION : Comme tu dis cela.

CÆSONIA : C'est que, vois-tu, s'il l'avait seulement aimée, sa mort n'aurait rien changé. Les maladies de l'âme ne sont pas graves. On s'en sauve par la mélancolie. Mais aujourd'hui sa chair aussi est mordue. Il brûle tout entier.

SCIPION *(imprudent)* : Mais il te désirait aussi.

CÆSONIA : Toi, tu t'occupes de ce qui ne te regarde pas. *(Un temps.)* Il me désire, c'est vrai. Mais il faudrait qu'il m'aime.

SCIPION *(timidement)* : Je ne comprends pas bien.

CÆSONIA *(lasse)* : Moi, si. Cela veut dire qu'il me demande seulement du plaisir. Est-ce le vrai désir ? Tu sauras plus tard qu'on peut aimer souvent, mais qu'on ne désire jamais qu'une fois.

SCIPION : Cæsonia, il faut le sauver.

CÆSONIA : Tu l'aimes donc.

SCIPION *(avec élan)* : Tu ne peux pas savoir comme il a été bon pour moi. Comme il m'a aidé. Comme il a aidé ma famille. Il me parlait de mon œuvre. Il m'encourageait. Il me disait que la vie n'est pas facile, mais qu'il y avait l'art, la religion et l'amour qu'on nous porte. Il me disait qu'il ne fallait jamais faire souffrir. Que c'était la seule façon de se tromper. Et qu'il fallait essayer d'être un homme juste pour soi et pour les autres, chanter le bonheur et s'accorder au monde.

CÆSONIA *(se levant)* : C'était un enfant.

Elle va vers le miroir et se regarde.

CÆSONIA : Je n'ai jamais eu d'autre dieu que mon corps. Et c'est ce dieu que je voudrais prier aujourd'hui : pour qu'il me le rende sain et sauf.

Entre Caligula. Apercevant Cæsonia et Scipion, il hésite et recule. Au même instant entrent à l'opposé les sénateurs [barré : serviteurs] *et l'intendant du palais. Ils s'arrêtent, interdits. Cæsonia se retourne. Elle et Scipion courent vers Caligula. Il les arrête d'un geste.*

SCÈNE VI

L'INTENDANT *(d'une voix mal assurée)* : Nous... nous te cherchions, César.

CALIGULA *(d'une voix brève et changée)* : Je vois.

L'INTENDANT : Nous... c'est-à-dire...

CALIGULA *(brutalement)* : Qu'est-ce que vous voulez ?

L'INTENDANT : Nous étions inquiets, César.

CALIGULA *(s'avançant vers lui)* : De quel droit ?

L'INTENDANT : Eh heu... *(Soudain inspiré et très vite.)* Enfin, de toutes façons, tu sais que tu as à régler quelques questions concernant le Trésor public.

CALIGULA *(pris d'un rire inextinguible)* : Le Trésor ? Mais c'est vrai, voyons, le Trésor, c'est capital.

L'INTENDANT : Certes, César.

CALIGULA *(toujours riant, à Cæsonia)* : N'est-ce pas, ma chère, c'est très important, le Trésor ?

CÆSONIA : Non, Caligula, pas encore [*c'est une question secondaire*].

CALIGULA : Mais c'est que tu n'y connais rien. Le Trésor est d'un intérêt puissant. Tout est important : les finances, la moralité publique, la politique extérieure, l'approvisionnement de l'armée et les lois agraires ! Tout est capital, te dis-je [comme la peine du même nom]. Tout est sur le même pied, la grandeur de Rome et tes crises d'arthritisme. Ah ! Je vais m'occuper de tout cela. Écoutez-moi un peu.

L'INTENDANT : Nous t'écoutons.

Les sénateurs s'avancent.

CALIGULA : Tu m'es fidèle, n'est-ce pas ?

L'INTENDANT (*d'un ton de reproche*) : César !

CALIGULA : Eh bien j'ai un plan. Nous allons bouleverser l'économie politique en deux temps. Je te l'expliquerai, intendant... quand les sénateurs seront sortis.

Les sénateurs sortent.

SCÈNE VII

Caligula s'assied près de Cæsonia, et entoure sa taille.

CALIGULA : Écoute bien. Premier temps : tous les sénateurs, toutes les personnes de l'Empire qui disposent de quelque fortune — petite ou grande, c'est exactement la même chose — doivent obligatoirement déshériter leurs enfants et tester sur l'heure en faveur de l'État.

L'INTENDANT : Mais César...

CALIGULA : Je ne t'ai pas encore donné la parole. À raison de nos besoins, nous ferons mourir ces personnages dans l'ordre d'une liste établie arbitrairement. À l'occasion, nous pourrons modifier cet ordre — toujours arbitrairement. Et nous hériterons.

CÆSONIA (*se dégageant*) : Qu'est-ce qui te prend ?

CALIGULA (*imperturbable*) : L'ordre des exécutions n'a en effet aucune importance. Ou plutôt ces exécutions ont une importance égale, ce qui entraîne qu'elles n'en ont point. D'ailleurs, ils sont aussi coupables les uns que les autres. (*Rudement à l'intendant.*) — Tu exécuteras ces ordres sans délai. Les testaments seront signés dans la soirée par tous les habitants de Rome, dans un mois au plus tard par tous les provinciaux. Envoie des courriers.

L'INTENDANT : César, tu ne te rends pas compte.

[CALIGULA : — Non, c'est toi. *(Avec violence.)* — Écoute-moi bien. Si le trésor a de l'importance, alors la vie humaine n'en a pas. J'ai décidé d'être logique. Et vous allez voir ce que la logique va vous coûter. J'ai le pouvoir. J'exterminerai les contradicteurs et les contradictions. S'il le faut, je commencerai par toi. Tu as déjà choisi. Ton premier mot pour saluer mon retour a été le Trésor. Je te le répète, on ne peut pas mettre le Trésor et la vie humaine sur le même plan. Augmenter l'un, c'est démonétiser l'autre. Toi, tu as choisi. Moi, j'entre dans ton jeu. Je joue avec tes cartes. Et d'ailleurs, mon plan par sa simplicité est génial. Tu as trois secondes pour disparaître. Je compte : un...]

L'intendant disparaît.

SCÈNE VIII

Caligula se tourne vers le jeune Scipion, l'appelle du geste et l'entoure de son bras libre.

CALIGULA *(singulièrement)* : Ah! mes enfants. Je viens de comprendre la vertu du pouvoir. Il va de pair avec la liberté d'esprit. Aujourd'hui et pour tout le temps qui va venir, ma liberté n'a pas de limites. *(Avec une soudaine émotion.)* — Pas de limites, Cæsonia, tu comprends?

CÆSONIA : Oui.

SCIPION *(tristement)* : Il faut que je parte, César.

CALIGULA : Bien sûr, mon petit. *(Il a les larmes aux yeux.)*

En sortant, Scipion croise Cherea.

SCÈNE IX

CALIGULA : Tiens, voilà un intellectuel [*voilà notre littérateur*]. C'est curieux, ce besoin que j'ai, tout d'un coup, de parler avec un intellectuel [*littérateur*].

CHEREA : Nous faisons des vœux pour ta santé, Caïus.

CALIGULA : Ma santé te remercie, Cherea, elle te remercie. Mais dis-moi, que penses-tu du pouvoir?

CHEREA : Tu me demandes mon opinion sur la liberté, Caïus?

CALIGULA : C'est ce que je veux dire, en effet.'

CHEREA : Je pense qu'elle est seulement ce que tu lui permets d'être.

CALIGULA : Belle réponse de sophiste. Et toi, Cæsonia, qu'en penses-tu ?

CÆSONIA : Je pense que tu devrais aller te reposer.

CALIGULA : Belle réponse d'idiote. C'est tout, Cherea.

CHEREA : C'est tout, Caïus.

CALIGULA *(se lève, commence normalement, puis, changeant de ton, de plus en plus haut, finit avec une expression convulsée)* : Eh bien ! je vais compléter ta documentation et t'apprendre qu'il n'y a qu'une liberté, celle du condamné à mort Parce que celui-là, tout lui est indifférent, en dehors du coup qui fera gicler son sang. Voilà pourquoi vous n'êtes pas libres. Voilà pourquoi dans tout l'Empire romain, Caligula seul est libre, parmi toute une nation d'esclaves. À ce peuple orgueilleux de ses libertés dérisoires, il est enfin venu un empereur qui va lui donner sa liberté profonde. *(Il s'arrête haletant. — D'une voix étrange.)* — C'est comme si, à partir de cette heure, vous viviez tous en condamnés à mort, comme les plus chers et les plus délivrés de mes enfants. *(Un temps. — D'une voix neutre.)* — Va-t'en maintenant. Reste, Cæsonia.

SCÈNE X

Caligula s'est détourné.

CÆSONIA : Tu pleures, Caligula.

CALIGULA *(toujours détourné)* : Oui, Cæsonia.

CÆSONIA · Tu l'aimais tant que cela ?

CALIGULA : Je ne sais pas, Cæsonia.

> *Cæsonia va vers lui et le prend aux épaules.*
> *Caligula sursaute.*

CALIGULA : Ne me touche pas. — Je ne veux pas que tu me touches. *(Plus doucement.)* — Reste ce que tu étais. Tu es la seule femme qui ne m'ait jamais caressé les cheveux. Nous nous comprenons sur beaucoup de points, n'est-ce pas ?

CÆSONIA : Je crois que oui.

CALIGULA : Alors reste près de moi sans parler. Je sortirai peut-être de là. Mais je sens monter en moi des êtres sans nom — comme les visages horribles d'une liberté inhumaine. Je ne puis plus rien contre eux, tu comprends. Je savais qu'on pouvait être désespéré [*angoissé*]. Je ne savais pas ce que ce mot voulait dire. Je croyais comme tout le monde que c'était une maladie de l'âme. Mais non, c'est mon corps qui souffre. *(D'une voix malade.)* — J'ai mal au cœur, Cæsonia. Non, n'approche pas. Laisse-**moi**. J'ai comme une envie de vomir dans tout le corps. Mes membres me font mal. Ma peau me fait mal. J'ai la tête creuse. Mais le plus affreux, c'est ce goût dans la bouche. Ce n'est pas du sang, ce n'est pas la mort, ni la fièvre. C'est tout ça en même temps. Il suffit que je remue la langue pour que tout redevienne noir et que les êtres me répugnent.

CÆSONIA : Cela va passer, mon petit. Étends-toi. Dors. Dors plusieurs jours. Laisse-toi aller et ne réfléchis plus. Cela ne peut pas durer toujours. Ce serait inhumain. Après, tu te réveilleras. Il y aura encore la campagne que tu aimes et la douceur du soir. Tu as le pouvoir et tous les êtres sont à toi, toutes les bouches où tu veux mordre. Tu garderas Cæsonia qui se taira près de toi. Et peu à peu, tu renaîtras et tu redeviendras bientôt celui que tout Rome a aimé.

CALIGULA : [Ne me parle pas de ce pantin sucré. Il est bien mort.] [*Ne me parle pas de celui-là.*] Il me dégoûte. *(Il s'assoit près du miroir, il met la tête dans ses mains.)* — Je voudrais guérir et je ne le puis pas. Quand je ne savais pas qu'on pouvait mourir, tout me paraissait croyable. Même leurs dieux, même leurs espoirs et leurs discours. Plus maintenant. Maintenant, je n'ai rien que ce pouvoir dérisoire dont tu parles. Plus il est démesuré et plus il est ridicule. Parce qu'il ne compte pour rien auprès de certains soirs où Drusilla se retournait vers moi. *(Un temps.)* — Ce n'était pas elle, c'était le monde qui riait par ses dents.

CÆSONIA : Ne pense pas à toutes ces choses, tu...

CALIGULA *(violemment)* : Si, il faut y penser. Il faut y penser au contraire. *(Il s'agite et redevient nerveux.)* — J'ai compris un soir auprès d'elle que toute ma richesse était sur cette terre. Et c'est de ce soir-là que je ne peux me détacher. *(Sourdement.)* — Avec elle, c'est la terre entière que je viens de perdre.

CÆSONIA : Caligula !

CALIGULA *(comme poursuivant un rêve intérieur, véhément)* : Je ne suis pas un idéaliste, moi. Je ne suis pas un poète. Je ne peux pas me contenter de souvenirs. Je ne saurai pas. C'est un vice que je ne connais pas. Je ne me suis jamais masturbé, c'est la même chose. À douze ans, j'ai connu l'amour. Je n'ai pas eu le temps de me faire

des imaginations. Ce qu'il me faut, c'est un corps, une femme avec
des bras et des odeurs d'amour. Le reste c'est pour les fonctionnaires, les comédiens et les impuissants. Et pourtant, voici le plus
douloureux : de ce soir-là, c'est tout ce qui me reste : le souvenir et
sa pourriture. Faut-il donc être un fonctionnaire ?

> *Il se lève et va vers le miroir. Cæsonia tend les
> bras vers lui, mais il ne la voit pas.*

CALIGULA : Elle avait une voix douce et elle parlait sans heurts.
Mais aujourd'hui son corps pour moi n'est pas plus réel que l'image
de ce miroir. Ce dialogue de ce miroir à moi, et de son ombre à moi,
si tu savais, Cæsonia, l'affreuse envie que j'ai de le jouer.

CÆSONIA *(dans un cri)* : Non, je t'en prie, tais-toi.

CALIGULA : C'est elle qui parlait d'abord.

CÆSONIA *(se jette sur lui et s'agrippe à ses bras)* : Tu vas te taire. Tu
ne vas pas faire ça.

> *Caligula se débarrasse doucement de ses mains et
> marche vers le miroir avec un sourire indicible.*

CALIGULA : Ce qu'elle disait n'avait pas d'importance tout de
suite. C'était pour donner le ton. C'était le « la » d'un langage de
musique et de sang — musique du cœur, sang du désir.

> *Il tend les mains vers le miroir. Cæsonia s'assoit
> mais cache sa tête dans ses mains.*
>
> *La scène qui suit, grotesque dans les faits, ne doit
> jamais l'être dans le ton.*

SCÈNE XI

CALIGULA *(toujours la même attitude bouleversée)* : C'est moi qui ai
commencé. *(Il récite un peu.)* — Si tu venais près de moi, Drusilla.
(Confidentiel.) — C'est ce que je lui disais. *(Reprenant le ton de la
récitation.)* — Plus près, et encore plus près, pour qu'il y ait... Non,
n'aie pas peur. Je ne te désire pas — pas encore ou plus du tout, je
ne sais pas. Quand je mets ma main sur le corps d'une autre femme,
c'est tout le regret de ta chair qui me monte aux lèvres. Et quand
d'autres que toi s'appuient sur mon épaule, je les tuerais sans
sourire à les voir faire les gestes d'une tendresse qui n'appartient
qu'à toi.

*Il s'arrête et tourne un peu sur lui-même. Il
reprend les phrases de Drusilla de la même voix,
mais plus lente et plus douloureuse.*

CALIGULA : Tais-toi, Caïus. *(Confidentiel.)* — Elle me priait
souvent de me taire. *(Reprenant à nouveau.)* — Ne réveille pas mes
regrets. C'est si terrible d'aimer dans la honte. Oh! mon frère!
Lorsque je vois mes compagnes se taire et devenir songeuses,
lorsque je lis dans leurs yeux l'image secrète et tendre qu'elles
caressent farouchement, ah! je leur envie cet amour qu'elles taisent
quand elles pourraient l'avouer! Mais elles renferment leur bonheur pour le mieux préserver. Et moi je me tais à cause du malheur
où mon amour me plonge. *(La voix de Caligula faiblit.)* — Et
pourtant, des soirs comme ce soir, devant ce ciel plein de l'huile
brillante et douce des étoiles, comment ne pas défaillir devant ce
que mon amour a de pur et de dévorant?

CÆSONIA *(pleure, elle fait un geste et d'une voix étouffée)* : Assez.

> [*Mais Caligula se précipite sur le miroir, tombe à
> ses pieds, le prend au cou et se serre avec désespoir
> contre lui.*]

CALIGULA : Pur, Drusilla, pur comme les étoiles pures. Je
t'aimais, Drusilla. Comme on aime la mer ou la nuit, avec un
enfoncement qui a la lenteur et le désespoir des naufrages. Et
chaque fois que je sombrais dans cet amour, je me fermais aux
bruits du monde et à l'infernal tourment de la haine. Ne me quitte
pas, Drusilla. J'ai peur. J'ai peur de l'immense solitude des
monstres. Ne te retire pas de moi. Oh! cette douceur et ce
dépassement.

*Il s'arrête brusquement avec des hoquets de
larmes. Il fait volte-face, se tourne vers Cæsonia et
la prend aux épaules. Il parle avec véhémence et
d'une voix pleine d'éclats.*

CALIGULA : Voilà ce qui me poursuit. Ce dépassement... vois-tu,
et l'ordure puante que cela est devenu en quelques heures. Tu as
entendu l'autre : le Trésor public! Ah! c'est maintenant que je vais
vivre enfin. Vivre, Cæsonia, vivre, c'est le contraire d'aimer. C'est
moi qui te le dis. Le beau spectacle, Cæsonia. Et il me faut du
monde, des spectateurs, des victimes et des coupables.

*Il saute sur le gong et commence à frapper, sans
arrêt, à coups redoublés.*

CALIGULA *(toujours frappant)* : Faites entrer les coupables. Je veux les voir. Il me faut des coupables. Et ils le sont tous. *(Frappant toujours.)* — Je veux qu'on fasse entrer les condamnés à mort. Du public, du public, Cæsonia. Je leur montrerai ce qu'ils n'ont jamais vu, ma colombe. *(Il rit à perdre haleine, toujours frappant.)* — Je leur montrerai un homme libre — le seul de tout cet empire.

> *Au son du gong, le palais peu à peu s'est rempli de rumeurs qui grossissent et approchent. Des voix, des bruits d'armes, des pas et des piétinements.*
> *Caligula rit et frappe toujours. Des gardes entrent puis sortent.*

CALIGULA *(frappant)* : Et toi, Cæsonia, tu m'obéiras. Tu m'aideras. Tu m'aideras toujours. Ce sera merveilleux. Jure de m'aider, Cæsonia.

CÆSONIA *(égarée, entre deux coups de gong)* : Je n'ai pas besoin de jurer puisque je t'aime.

CALIGULA *(même jeu)* : Tu feras tout ce que je te dirai.

CÆSONIA *(même jeu)* : Tout, Caligula, mais arrête.

CALIGULA *(même jeu)* : Tu seras cruelle.

CÆSONIA *(pleurant)* : Cruelle.

CALIGULA *(même jeu)* : Froide et implacable.

CÆSONIA : Implacable.

CALIGULA *(même jeu)* : Tu souriras aussi.

CÆSONIA : Oui, Caligula, mais je deviens folle.

> *Des sénateurs sont entrés, ahuris, et avec eux les gens du palais. Caligula frappe un dernier coup, lève son maillet, se retourne vers eux et les appelle.*

CALIGULA *(insensé)* : Venez tous. Approchez. Je vous ordonne d'approcher. *(Il trépigne.)* C'est un empereur qui exige que vous approchiez. [Vous savez ce que c'est un empereur. Ça donne de la copie aux historiens et du prestige à des institutions qui en ont bien besoin.] *(Tous avancent, pleins d'effroi.)* — Venez vite. Et maintenant approche, Cæsonia.

> *Il la prend par la main, la mène près du miroir et, du maillet, efface frénétiquement une image sur la surface polie. Il rit.*

CALIGULA : [Plus de Drusilla, tu vois. Plus de Drusilla...] — [*Plus rien, tu vois. Plus de souvenirs, tous les visages enfuis ! Rien, plus rien.*]

Et sais-tu ce qui reste ? Approche encore Regarde. Approchez. Regardez. *(Il se campe devant la glace dans une attitude absurde et démente.)*

CÆSONIA *(regardant le miroir, avec effroi)* : Caligula !

> *Caligula change de ton, pose son doigt sur la glace et, le regard soudain fixe, dit d'une voix triomphante.*

CALIGULA : Caligula.

RIDEAU

ACTE II

Jeu de Caligula

SCÈNE I

Réunion de sénateurs chez Cherea.

LE VIEUX S. : Il remue dans ma main son doigt du milieu. Il m'appelle petite femme. Il me caresse les fesses. À mort.

PREMIER S. : Il nous fait courir tous les soirs autour de sa litière quand il va se promener dans la campagne.

DEUXIÈME S. : Et il nous dit que c'est bon pour la santé.

TROISIÈME S. : Rien ne peut excuser cela.

LE VIEUX S. : Il n'y a pas d'excuses à cela.

TROISIÈME S. : Non, on ne peut pardonner cela.

DEUXIÈME S. : Patricius, il a confisqué tes biens. Scipion, il a tué ton père. Octavius, il a enlevé ta femme et la fait travailler maintenant dans sa maison publique. Lepidus, il a tué ton fils. Allez-vous supporter cela ? Pour moi, mon choix est fait. Entre le risque à courir et cette insupportable vie qui m'est faite dans la peur et l'impuissance, je ne peux pas hésiter.

LE JEUNE SCIPION *(à voix basse)* : Il a tué mon père.

UN CHEVALIER : Nous sommes avec toi. Il a donné au peuple nos places de cirque et nous a poussés à nous battre avec la plèbe, pour mieux nous punir ensuite.

LE VIEUX S. : C'est un lâche.

DEUXIÈME S. : Un cynique.

TROISIÈME S. : Un comédien.

OCTAVIUS : C'est un impuissant, ma femme me l'a dit.

> *Tumulte désordonné. Des armes sont brandies.*
> *Un flambeau tombe. Une table est renversée. Tout le*
> *monde se précipite vers la sortie. — Mais entre*
> *Cherea, impassible, qui arrête cet élan.*

SCÈNE II

CHEREA : Comme vous êtes pressés. Où courez-vous ?

DEUXIÈME S. *(indigné)* : Au palais !

CHEREA : J'ai bien compris. Mais vous croyez qu'on vous laissera entrer ?

DEUXIÈME S. : Il ne s'agit pas de demander la permission.

CHEREA *(toujours marchant, va s'asseoir sur un coin de la table renversée)* : Et vous croyez que c'est aussi facile que ça ? Qu'un homme va mourir parce que vous avez peur ?

DEUXIÈME S. : Que fais-tu là, sinon ? Il a couché avec ta femme, je crois.

CHEREA : Il n'y a pas grand mal. Elle m'a dit qu'elle y avait pris du plaisir. *(Un temps.)* Lui aussi, selon toute probabilité.

LE CHEVALIER : Si tu n'es pas avec nous, va-t'en. Mais tiens ta langue.

CHEREA : Mais je suis avec vous. Moi aussi, je veux que Caligula soit tué.

UNE VOIX : Assez de bavardages.

CHEREA *(se redressant, soudain sérieux)* : Oui, assez de bavardages. Je veux que les choses soient claires. Si j'avais la puissance de Caligula, j'agirais comme lui puisque j'ai sa passion. Mais sur un point, je ne suis pas d'accord avec vous. Si Caligula est dangereux, s'il vous fait la vie insupportable, ce n'est point par ses gestes obscènes, ses cruautés et ses assassinats. *(Ambigu.)* Mais c'est par une passion plus haute et plus mortelle [qu'il ne faut pas craindre d'appeler poésie].

UNE VOIX : Qu'est-ce que c'est que cette histoire ?

CHEREA : Cette histoire, bel anonyme, la voici. Par Caligula et pour la première fois dans l'histoire, la pensée [la poésie] agit et le rêve rejoint l'action. Il fait ce qu'il rêve de faire. Il transforme sa

philosophie en cadavres. Vous appelez ça un anarchiste. Et lui croit
être un artiste. Mais dans le fond c'est la même chose.

Moi (il faut bien que je parle de moi), je suis avec vous — avec la
société. Non par goût. Mais parce que je n'ai pas le pouvoir et que
vos hypocrisies et vos lâchetés me protègent plus sûrement que les
lois les plus équitables. Tuer Caligula, c'est établir ma sécurité.
Caligula vivant, je suis tout entier livré à l'arbitraire et à l'absurde,
c'est-à-dire à la poésie. *(Il les regarde, et d'un ton pénétré.)* — Je vois sur
vos visages déplaisants la sueur de la peur. Moi aussi, j'ai peur.
Mais j'ai peur de ce lyrisme inhumain auprès de quoi ma vie n'est
rien. Ce monstre nous dévore, je vous le dis. Qu'un seul être soit
pur, dans le mal ou dans le bien, et notre monde est en danger. *(Un
temps.)* — Voilà pourquoi Caligula doit mourir. [Caligula doit
mourir pour cause de pureté.]

DEUXIÈME S. *(saute sur un banc)* : Je ne te comprends pas très bien.
Mais je suis avec toi quand tu dis que les bases de notre société sont
ébranlées. Pour nous, n'est-ce pas, vous autres, la question est
avant tout morale. La famille tremble. Le respect se perd. Rome
tout entière est livrée au blasphème. Conjurés, la vertu nous appelle
au secours. Nous sommes le parti de l'honneur et de la propreté. Et
ce sont les principes sacrés de l'ordre et de la famille que nous avons
à défendre. Conjurés, accepterez-vous enfin que les sénateurs soient
contraints chaque soir de courir autour de la litière de César ?

LE VIEUX S. : Permettrez-vous qu'on les appelle « petite femme »
et qu'avec le doigt...

UNE VOIX : Qu'on leur enlève leur femme ?

UNE AUTRE : Et leur argent ?

Clameur générale : « Non ! »

DEUXIÈME S. : Cherea, tu as bien parlé. Tu as bien fait aussi de
nous calmer. Il est trop tôt pour agir. Le peuple aujourd'hui encore
serait contre nous. Il n'est pas nécessaire de faire périr un bourreau
s'il faut ensuite payer cette exécution de sa propre vie. Veux-tu
guetter avec nous le moment de conclure ?

CHEREA : Oui. Laissons continuer Caligula. Poussons-le dans
cette voie. Organisons sa folie. Un jour viendra où il sera seul
devant un Empire plein de morts ou de parents de morts.

*Clameur générale. — Trompettes au-dehors.
Silence, puis, de bouche en bouche, un nom :
« Caligula ».*

PRIÈRE D'INSÉRER (1944)[1]

Avec *Le Malentendu* et *Caligula*, Albert Camus fait appel à la technique du théâtre pour préciser une pensée dont *L'Étranger* et *Le Mythe de Sisyphe* — sous les aspects du roman et de l'essai — avaient marqué les points de départ.

Est-ce à dire que l'on doive considérer le théâtre d'Albert Camus comme un « théâtre philosophique » ? Non — si l'on veut continuer à désigner ainsi cette forme périmée de l'art dramatique où l'action s'alanguissait sous le poids des théories. Rien n'est moins « pièce à thèse » que *Le Malentendu*, qui, se plaçant seulement sur le plan tragique, répugne à toute théorie. Rien n'est plus « dramatique » que *Caligula*, qui semble n'emprunter ses prestiges qu'à l'histoire.

Mais la pensée est en même temps action et, à cet égard, ces pièces forment un théâtre de l'impossible. Grâce à une situation *(Le Malentendu)* ou un personnage *(Caligula)* impossible, elles tentent de donner vie aux conflits apparemment insolubles que toute pensée active doit d'abord traverser avant de parvenir aux seules solutions valables. Ce théâtre laisse entendre par exemple que chacun porte en lui une part d'illusions et de malentendu qui est destinée à être tuée. Simplement, ce sacrifice libère peut-être une autre part de l'individu, la meilleure, qui est celle de la révolte et de la liberté. Mais de quelle liberté s'agit-il ? Caligula, obsédé d'impossible, tente d'exercer une certaine liberté dont il est dit simplement pour finir « qu'elle n'est pas la bonne ». C'est pourquoi l'univers se dépeuple autour de lui et la scène se vide jusqu'à ce qu'il meure lui-même. On ne peut pas être libre contre les autres hommes. Mais comment peut-on être libre ? Cela n'est pas encore dit.

---

1. Pour l'édition conjointe du *Malentendu* et de *Caligula*. Texte écrit par Camus, mais non signé (note de Roger Quilliot pour l'édition de la Pléiade, p. 1744-1745).

NOTES

Page 35.

1. Sur le premier état du texte (manuscrit 1) figurait le titre :
Désespoir de Caligula.

Page 67.

2. Sur les premiers états du texte (manuscrits 1 et 2) figurait le
titre : Jeu de Caligula.

Page 107.

3. Sur le deuxième état du texte (manuscrit 2) figurait le titre :
Divinité de Caligula.

Page 170.

4. Cette dernière phrase ne figurait pas sur les premiers états du
texte. Elle a été rajoutée pendant la guerre.

Page 172.

5. Ces deux dernières phrases ont été également rajoutées
pendant la guerre.

RÉSUMÉ

Acte I. — Caligula a quitté Rome depuis la mort de sa sœur et maîtresse Drusilla et cette disparition trouble les patriciens (sc. 1 et 2). De retour, Caligula révèle à son confident Hélicon qu'il était parti chercher la lune (3, 4). Cæsonia, la « vieille maîtresse », et le jeune Scipion sont impatients de revoir l'empereur (5, 6). Caligula expose son plan : exécuter les patriciens les plus riches et s'emparer de leur fortune (7, 8, 9). Il congédie Cherea et Scipion (10), puis confie ses rêves les plus fous à Cæsonia (11).

Acte II. — Plusieurs patriciens expriment entre eux leur sentiment de révolte contre Caligula (1). Cherea se déclare à leurs côtés, mais au nom de raisons différentes. Il veut pousser au bout de sa logique la folie de l'empereur (2). Caligula ridiculise et brutalise les patriciens (3, 4, 5), puis ordonne qu'on organise la famine parmi le peuple (6, 7, 8, 9). Il exécute Mereia, soupçonné de l'avoir soupçonné (10, 11). Scipion, dont le père fut naguère exécuté par Caligula, confie à Cæsonia son dessein de tuer l'empereur (12). Seul avec lui, il se laisse pourtant attendrir, puis lui déclare l'horreur qu'il lui inspire (13).

Acte III. — Caligula se fait adorer en Vénus (1). Il explique à Scipion qu'il n'est pas un tyran : il s'est seulement, par goût de l'art dramatique, changé en une figure du destin (2). Hélicon tente de l'entretenir du complot qui menace sa vie, mais Caligula s'entête à ne parler que de la lune (3). Le « vieux patricien », à son tour, lui révèle par lâcheté l'existence du complot, mais Caligula tourne son aveu à sa confusion (4). Cherea lui annonce tranquillement qu'il veut le tuer parce qu'il le juge nuisible ; sous ses yeux, Caligula détruit la preuve matérielle du complot (5, 6).

Acte IV. — Scipion révèle à Cherea qu'il ne pourra participer au complot contre Caligula, parce qu'une même flamme leur brûle le cœur (1, 2). Deux des patriciens, convoqués par Caligula, croient leur dernière heure venue, mais l'empereur les a seulement conviés à communier dans une émotion artistique (3, 4, 5). Hélicon revendique auprès de Cherea sa fidélité à l'empereur (6). Pour éprouver les réactions de son entourage, Caligula fait annoncer son agonie, puis sa mort (7, 8, 9, 10). Pour Cæsonia, ce sont ceux qui manquent d'âme qui ne peuvent supporter que l'empereur en ait trop (11). Un concours de poésie, tourné au grotesque par l'empereur, permet pourtant à Scipion d'exprimer son ressentiment (12). Troublé, Caligula, demeuré seul avec Cæsonia, entend ses paroles de tendresse avant de l'étrangler, puis de constater que « tuer n'est pas une solution » (13). Seul face à son miroir, Caligula attend, malgré l'ultime mise en garde d'Hélicon, les coups que viennent enfin lui porter les conjurés (14).

Préface de Pierre-Louis Rey   7

Caligula
  Acte I   35
  Acte II   67
  Acte III   107
  Acte IV   137

Dossier
  Chronologie   175
  Notice   177
  Historique de la mise en scène   181
  Bibliographie   187
  Annexes   189
  Notes   207
  Résumé   208

DU MÊME AUTEUR

Dans la même collection

LE MALENTENDU. *Édition présentée et établie par Pierre-Louis Rey.*

L'ÉTAT DE SIÈGE. *Édition présentée et établie par Pierre-Louis Rey.*

COLLECTION FOLIO THÉÂTRE

1. Pierre CORNEILLE : *Le Cid.* Édition présentée et établie par Jean Serroy.

2. Jules ROMAINS : *Knock.* Édition présentée et établie par Annie Angremy.

3. MOLIÈRE : *L'Avare.* Édition présentée et établie par Jacques Chupeau.

4. Eugène IONESCO : *La Cantatrice chauve.* Édition présentée et établie par Emmanuel Jacquart.

5. Nathalie SARRAUTE : *Le Silence.* Édition présentée et établie par Arnaud Rykner.

6. Albert CAMUS : *Caligula.* Édition présentée et établie par Pierre-Louis Rey.

7. Paul CLAUDEL : *L'Annonce faite à Marie.* Édition présentée et établie par Michel Autrand.

8. William SHAKESPEARE : *Le Roi Lear.* Édition de Gisèle Venet. Traduction nouvelle de Jean-Michel Déprats.

9. MARIVAUX : *Le Jeu de l'amour et du hasard.* Préface de Catherine Naugrette-Christophe. Édition de Jean-Paul Sermain.

10. Pierre CORNEILLE : *Cinna.* Édition présentée et établie par Georges Forestier.

11. Eugène IONESCO : *La Leçon.* Édition présentée et établie par Emmanuel Jacquart.

12. Alfred de MUSSET : *On ne badine pas avec l'amour.* Édition présentée et établie par Simon Jeune.

13. Jean RACINE : *Andromaque.* Préface de Raymond Picard. Édition de Jean-Pierre Collinet.

14. Jean COCTEAU : *Les Parents terribles.* Édition présentée et établie par Jean Touzot.

15. Jean RACINE : *Bérénice.* Édition présentée et établie par Richard Parish.

16. Pierre CORNEILLE : *Horace.* Édition présentée et établie par Jean-Pierre Chauveau.

17. Paul CLAUDEL : *Partage de Midi.* Édition présentée et établie par Gérald Antoine.

18. Albert CAMUS : *Le Malentendu.* Édition présentée et établie par Pierre-Louis Rey.

19. William SHAKESPEARE : *Jules César.* Préface et traduction d'Yves Bonnefoy.

20. Victor HUGO : *Hernani.* Édition présentée et établie par Yves Gohin.

21. Ivan TOURGUÉNIEV : *Un mois à la campagne.* Édition de Françoise Flamant. Traduction de Denis Roche.

22. Eugène LABICHE : *Brûlons Voltaire!* précédé de *Un monsieur qui a brûlé une dame, La Dame aux jambes d'azur, L'Amour, un fort volume, prix 3 F 50 C, La Main leste, Le Cachemire X. B. T.* Édition présentée et établie par Olivier Barrot et Raymond Chirat.

23. Jean RACINE : *Phèdre.* Édition présentée et établie par Christian Delmas et Georges Forestier.

24. Jean RACINE : *Bajazet.* Édition présentée et établie par Christian Delmas.

25. Jean RACINE : *Britannicus.* Édition présentée et établie par Georges Forestier.

26. GOETHE : *Faust.* Préface de Claude David. Traduction nouvelle de Jean Amsler. Notes de Pierre Grappin.

27. William SHAKESPEARE : *Tout est bien qui finit bien.* Édition de Gisèle Venet. Traduction nouvelle de Jean-Michel Déprats et Jean-Pierre Vincent.

28. MOLIÈRE : *Le Misanthrope.* Édition présentée et établie par Jacques Chupeau.

29. BEAUMARCHAIS : *Le Barbier de Séville.* Édition présentée et établie par Françoise Bagot et Michel Kail.

30. BEAUMARCHAIS : *Le Mariage de Figaro.* Édition présentée et établie par Françoise Bagot et Michel Kail.

31. Richard WAGNER : *Tristan et Isolde.* Préface de Pierre Boulez. Traduction nouvelle d'André Miquel. Édition bilingue.

32. Eugène IONESCO : *Les Chaises.* Édition présentée et établie par Michel Lioure.

33. William SHAKESPEARE : *Le Conte d'hiver.* Préface et traduction d'Yves Bonnefoy.

34. Pierre CORNEILLE : *Polyeucte.* Édition présentée et établie par Patrick Dandrey.

35. Jacques AUDIBERTI : *Le mal court.* Édition présentée et établie par Jeanyves Guérin.

36. Pedro CALDERÓN DE LA BARCA : *La vie est un songe.*

Traduction nouvelle et notes de Lucien Dupuis. Préface et dossier de Marc Vitse.

37. Victor HUGO : *Ruy Blas*. Édition présentée et établie par Patrick Berthier.

38. MOLIÈRE : *Le Tartuffe*. Édition présentée et établie par Jean Serroy.

39. MARIVAUX : *Les Fausses Confidences*. Édition présentée et établie par Michel Gilot.

40. Hugo von HOFMANNSTHAL : *Le Chevalier à la rose*. Édition de Jacques Le Rider. Traduction de Jacqueline Verdeaux.

41. Paul CLAUDEL : *Le Soulier de satin*. Édition présentée et établie par Michel Autrand.

42. Eugène IONESCO : *Le Roi se meurt*. Édition présentée et établie par Gilles Ernst.

43. William SHAKESPEARE : *La Tempête*. Préface et traduction nouvelle d'Yves Bonnefoy. Édition bilingue.

44. William SHAKESPEARE : *Richard II*. Édition de Margaret Jones-Davies. Traduction nouvelle de Jean-Michel Déprats. Édition bilingue.

45. MOLIÈRE : *Les Précieuses ridicules*. Édition présentée et établie par Jacques Chupeau.

46. MARIVAUX : *Le Triomphe de l'amour*. Édition présentée et établie par Henri Coulet.

47. MOLIÈRE : *Dom Juan*. Édition présentée et établie par Georges Couton.

48. MOLIÈRE : *Le Bourgeois gentilhomme*. Édition présentée et établie par Jean Serroy.

49. Luigi PIRANDELLO : *Henri IV*. Édition de Robert Abirached. Traduction de Michel Arnaud.

50. Jean COCTEAU : *Bacchus*. Édition présentée et établie par Jean Touzot.

51. John FORD : *Dommage que ce soit une putain*. Édition de Gisèle Venet. Traduction nouvelle de Jean-Michel Déprats.

52. Albert CAMUS : *L'État de siège*. Édition présentée et établie par Pierre-Louis Rey.

53. Eugène IONESCO : *Rhinocéros*. Édition présentée et établie par Emmanuel Jacquart.

54. Jean RACINE : *Iphigénie*. Édition présentée et établie par Georges Forestier.

55. Jean GENET : *Les Bonnes*. Édition présentée et établie par Michel Corvin.

56. Jean RACINE : *Mithridate*. Édition présentée et établie par Georges Forestier.

57. Jean RACINE : *Athalie*. Édition présentée et établie par Georges Forestier.

58. Pierre CORNEILLE : *Suréna*. Édition présentée et établie par Jean-Pierre Chauveau.

59. William SHAKESPEARE : *Henry V*. Édition de Gisèle Venet. Traduction nouvelle de Jean-Michel Déprats. Édition bilingue.

60. Nathalie SARRAUTE : *Pour un oui ou pour un non*. Édition présentée et établie par Arnaud Rykner.

61. William SHAKESPEARE : *Antoine et Cléopâtre*. Préface et traduction nouvelle d'Yves Bonnefoy. Édition bilingue.

62. Roger VITRAC : *Victor ou les enfants au pouvoir*. Édition présentée et établie par Marie-Claude Hubert.

63. Nathalie SARRAUTE : *C'est beau*. Édition présentée et établie par Arnaud Rykner.

64. Pierre CORNEILLE : *Le Menteur. La Suite du Menteur*. Édition présentée et établie par Jean Serroy.

65. MARIVAUX : *La Double Inconstance*. Édition présentée et établie par Françoise Rubellin.

66. Nathalie SARRAUTE : *Elle est là*. Édition présentée et établie par Arnaud Rykner.

67. Oscar WILDE : *L'Éventail de Lady Windermere*. Édition de Gisèle Venet. Traduction nouvelle de Jean-Michel Déprats.

68. Eugène IONESCO : *Victimes du devoir*. Édition présentée et établie par Gilles Ernst.

69. Jean GENET : *Les Paravents*. Édition présentée et établie par Michel Corvin.

70. William SHAKESPEARE : *Othello*. Préface et traduction nouvelle d'Yves Bonnefoy. Édition bilingue.

71. Georges FEYDEAU : *Le Dindon*. Édition présentée et établie par Robert Abirached.

72. Alfred de VIGNY : *Chatterton*. Édition présentée et établie par Pierre-Louis Rey.

73. Alfred de MUSSET : *Les Caprices de Marianne*. Édition présentée et établie par Frank Lestringant.

74. Jean GENET : *Le Balcon*. Édition présentée et établie par Michel Corvin.

75. Alexandre DUMAS : *Antony*. Édition présentée et établie par Pierre-Louis Rey.

76. MOLIÈRE : *L'Étourdi*. Édition présentée et établie par Patrick Dandrey.

77. Arthur ADAMOV : *La Parodie*. Édition présentée et établie par Marie-Claude Hubert.

78. Eugène LABICHE : *Le Voyage de Monsieur Perrichon*. Édition présentée et établie par Bernard Masson.

79. Michel de GHELDERODE : *La Balade du Grand Macabre*. Préface de Guy Goffette. Édition de Jacqueline Blancart-Cassou.

80. Alain-René LESAGE : *Turcaret*. Édition présentée et établie par Pierre Frantz.

81. William SHAKESPEARE : *Le Songe d'une nuit d'été*. Édition de Gisèle Venet. Traduction de Jean-Michel Déprats. Édition bilingue.

82. Eugène IONESCO : *Tueur sans gages*. Édition présentée et établie par Gilles Ernst.

83. MARIVAUX : *L'Épreuve*. Édition présentée et établie par Henri Coulet.

84. Alfred de MUSSET : *Fantasio*. Édition présentée et établie par Frank Lestringant.

85. Friedrich von SCHILLER : *Don Carlos*. Édition de Jean-Louis Backès. Traduction de Xavier Marmier, revue par Jean-Louis Backès.

86. William SHAKESPEARE : *Hamlet*. Édition de Gisèle Venet. Traduction de Jean-Michel Déprats. Édition bilingue.

87. Roland DUBILLARD : *Naïves hirondelles*. Édition présentée et établie par Michel Corvin.

88. Édouard BOURDET : *Vient de paraître*. Édition présentée et établie par Olivier Barrot et Raymond Chirat.

89. Pierre CORNEILLE : *Rodogune*. Édition présentée et établie par Jean Serroy.

90. MOLIÈRE : *Sganarelle*. Édition présentée et établie par Patrick Dandrey.

91. Michel de GHELDERODE : *Escurial* suivi de *Hop signor!* Édition présentée et établie par Jacqueline Blancart-Cassou.

92. MOLIÈRE : *Les Fâcheux*. Édition présentée et établie par Jean Serroy.

93. Paul CLAUDEL : *Le Livre de Christophe Colomb*. Édition présentée et établie par Michel Lioure.

94. Jean GENET : *Les Nègres*. Édition présentée et établie par Michel Corvin.

95. Nathalie SARRAUTE : *Le Mensonge*. Édition présentée et établie par Arnaud Rykner.

96. Paul CLAUDEL : *Tête d'Or*. Édition présentée et établie par Michel Lioure.

97. MARIVAUX : *La Surprise de l'amour* suivi de *La Seconde Surprise de l'amour*. Édition présentée et établie par Michel Coulet.

98. Jean GENET : *Haute surveillance*. Édition présentée et établie par Michel Corvin.

99. LESSING : *Nathan le Sage*. Édition présentée et établie par Dominique Lurcel.

ŒUVRES D'ALBERT CAMUS

Aux Éditions Gallimard

L'ENVERS ET L'ENDROIT, *essai* (Folio essai n° 41).

NOCES, *essai* (Folio n° 16).

L'ÉTRANGER, *roman* (Folio n° 2 et Folio Plus n° 10).

LE MYTHE DE SISYPHE, *essai* (Folio essai n° 11).

LE MALENTENDU *suivi de* CALIGULA, *théâtre* (Folio n° 64 et Folio théâtre n° 6 et n° 18).

LETTRE À UN AMI ALLEMAND (Folio n° 2226).

LA PESTE, *récit* (Folio n° 42 et Folio Plus n° 21).

L'ÉTAT DE SIÈGE, *théâtre* (Folio théâtre n° 52).

ACTUELLES : (Folio essai n° 305 et n° 400).

    I. Chroniques 1944-1948.

    II. Chroniques 1948-1953.

    III. Chroniques algériennes 1939-1958.

LES JUSTES, *théâtre* (Folio n° 477).

L'HOMME RÉVOLTÉ, *essai* (Folio essai n° 15).

L'ÉTÉ, *essai* (Folio n° 16).

LA CHUTE, *récit* (Folio n° 10 et Folio Plus n° 36).

L'EXIL ET LE ROYAUME, *nouvelles* (Folio n° 78).

JONAS OU L'ARTISTE AU TRAVAIL, *suivi de* LA PIERRE QUI POUSSE, *extraits de* L'EXIL ET LE ROYAUME (Folio à 2 €, n° 3788).

DISCOURS DE SUÈDE (Folio n° 2919).

CARNETS :

    I. Mai 1935-février 1942.

    II. Janvier 1942-mars 1951.

    III. Mars 1951-décembre 1959.

JOURNAUX DE VOYAGE.

CORRESPONDANCE AVEC JEAN GRENIER.

Adaptations théâtrales

LA DÉVOTION À LA CROIX de Pedro Calderón de la Barca.
LES ESPRITS de Pierre de Larivey.
REQUIEM POUR UNE NONNE de William Faulkner.
LE CHEVALIER D'OLMEDO de Lope de Vega.
LES POSSÉDÉS de Dostoïevski.

Cahiers Albert Camus

   I. LA MORT HEUREUSE, *roman.*
  II. Paul Viallaneix : *Le premier Camus,* suivi d'*Écrits de jeunesse d'Albert Camus.*
 III. *Fragments d'un combat* (1938-1940) – Articles d'*Alger Républicain.*
  IV. CALIGULA (version de 1941), *théâtre.*
   V. *Albert Camus : œuvre fermée, œuvre ouverte ?* Actes du colloque de Cerisy (juin 1982).
  VI. Albert Camus éditorialiste à *L'Express* (mai 1955-février 1956).
 VII. LE PREMIER HOMME (Folio n° 3320).
VIII. Camus à *Combat,* éditoriaux et articles (1944-1947).

Bibliothèque de la Pléiade

THÉÂTRE, RÉCITS ET NOUVELLES.
ESSAIS.

En collaboration avec Arthur Koestler

RÉFLEXIONS SUR LA PEINE CAPITALE, *essai.* (Folio n° 3609).

À l'Avant-Scène

UN CAS INTÉRESSANT, adaptation de Dino Buzzati, *théâtre.*

Composition et impression Bussière
à Saint-Amand (Cher), le 16 octobre 2006.
Dépôt légal : octobre 2006.
1ᵉʳ dépôt légal dans la collection : août 1993.
Numéro d'imprimeur : 063798/1.
ISBN 2-07-038670-8./Imprimé en France.

148601